Lições de

CRÍTICA HERMENÊUTICA DO DIREITO

Dados Internacionais de Catalogação na Publicação (CIP)

S6541 Streck, Lenio.
Lições de crítica hermenêutica do direito / Lenio Streck. – Porto Alegre: 2. ed. rev. e ampl. Livraria do Advogado Editora, 2016.
168 p.; 23 cm.
Inclui bibliografia.
ISBN 978-85-69538-04-2

1. Hermenêutica (Direito). 2. Direito - Filosofia. 3. Positivismo jurídico. 4. Juízes - Decisões. 5. Democracia. I. Título.

CDU 340.132
CDD 340.1

Índice para catálogo sistemático:
1. Hermenêutica: Direito 340.132
2. Direito: Hermenêutica 340.132

(Bibliotecária responsável: Sabrina Leal Araujo – CRB 10/1507)

Lenio Streck

Lições de

CRÍTICA HERMENÊUTICA DO DIREITO

2ª EDIÇÃO
revista e ampliada

livraria
DO ADVOGADO
editora

Porto Alegre, 2016

Edição finalizada em agosto/2015

Projeto gráfico e diagramação
Livraria do Advogado Editora

Capa
Clarissa Tassinari

Gravura da capa
A Criminal Case, por Honoré Daumier

Revisão
Rosane Marques Borba

Livraria do Advogado Editora Ltda.
Rua Riachuelo, 1300
90010-273 Porto Alegre RS
Fone: 0800-51-7522
editora@livrariadoadvogado.com.br
www.doadvogado.com.br

Impresso no Brasil / Printed in Brazil

Agradeço à valorosa equipe do *Dasein – Núcleo de Estudos Hermenêuticos* –, pela inestimável colaboração na seleção e revisão dos textos para estas *Lições de Crítica Hermenêutica do Direito*. Daniel Ortiz Matos, mestrando bolsista-Capes, e Adriano Lepper (bolsista-iniciação científica) foram os *coaches* deste empreendimento. A capa é da Clarissa. Na segunda edição, atuaram Fabiano Müller, mestrando bolsista-Capes e Clarissa Tassinari, doutoranda-bolsista-CNPq.

Para Rosane e Malu, como sempre.

E ao ambiente da Dacha de São José do Herval! Indescritível. Mormente na entrada do inverno, quando o frio demanda o crepitar da lareira!

Sumário

1. À guisa de referências introdutórias: A Crítica Hermenêutica do Direito, o combate ao senso comum teórico dos juristas e o tamanho do imaginário dos juristas

1.1. A alegoria do hermeneuta e o palimpsesto

Na aula de mestrado o tema era "paradigmas". Explicava que as velhas concepções sobre o direito obnubilam as novas concepções. O novo não consegue nascer. E nem se impor. Talvez o grande problema resida no fato de que o novo não consegue se mostrar. O velho é tão forte que vela as mínimas possibilidades de o novo aparecer através de algumas frestas de sentido.

É como na alegoria do hermeneuta que chega a uma ilha e lá constata que as pessoas cortam (desprezam) a cabeça e o rabo dos peixes, mesmo diante da escassez de alimentos. Intrigado, o hermeneuta foi buscar as raízes desse mito. Descobriu, finalmente, que, no início do povoamento da ilhota, os peixes eram grandes e abundantes, não cabendo nas frigideiras. Consequentemente, cortavam a cabeça e o rabo... Hoje, mesmo que os peixes sejam menores que as panelas, ainda assim continuam a cortar a cabeça e o rabo. Perguntando a um dos moradores o porquê de assim agirem, ouviu: "Não sei... mas as coisas sempre foram assim por aqui!". Eis o senso comum.

Para compreender os fenômenos, uso o "método" hermenêutico. Em *Hermenêutica Jurídica e(m) crise* explico como funciona o método. Parcela considerável das dissertações e teses do Programa de Pós-Graduação em Direito da Unisinos lança mão dessa "ferramenta" (veja-se, aqui, a importância das aspas, considerando que a hermenêutica é antimetodológica).

Bem resumido: Revolve-se o chão linguístico em que está assentada a tradição, reconstruindo a história institucional do fenômeno. Na verdade, trata-se de fazer uma desleitura do fenômeno, conforme trabalham, por exemplo, Harold Bloom e Ernildo Stein.[1] Podemos explicitar a desleitura na compreensão do "palimpsesto", que são as pinturas que são feitas sobre um corpo e depois sobre outra pintura, sobre outra pintura e sobre outra pintura, e isso é feito porque faltava algum elemento. Enfim, imagine uma pintura que é feita sobre um corpo e depois sobre aquela pintura é feita outra pintura, outra pintura e outra pintura, sempre com a finalidade de adicionar algum elemento. De repente, um sujeito vê aquilo e raspa. Ele vai descobrindo que, sob cada pintura, há outra, há outras e, talvez, ele já não saiba, nem possa descobrir, qual é nem como era a primeira. Talvez até ele consiga, mas não necessariamente e sempre pode restar alguma dúvida.

Então, o que é a desleitura e o que tem com o método hermenêutico? Ao revolver o chão linguístico no qual está assentada a tradição, e cito alguns exemplos práticos de como, junto com minha assessoria, agimos para descobrir as obscuridades de casos jurídicos concretos. Demonstro que, de repente, ao raspar os conceitos, ao "lixar o texto", o fenômeno aparece e as pessoas compreendem aquele fenômeno. Desse processo – que é como se o fenômeno fosse "descascado aos poucos" – exsurge "o sentido da coisa". Que já não será aquela que o intérprete vislumbrou no início. Veja-se o caso da ilha e dos peixes. O fenômeno exsurgiu "como ele é", por assim dizer.

É nesse contexto que se coloca a Crítica Hermenêutica do Direito, que é uma espécie de cadeira assentada entre o paradigma objetivista clássico e da filosofia da consciência. Fundamentalmente, a Crítica Hermenêutica do Direito move-se nas águas da fenomenologia hermenêutica, pela qual o horizonte do sentido é dado pela compreensão (Heidegger) e ser que pode ser compreendido é linguagem (Gadamer), *onde a linguagem não é simplesmente objeto, e sim, horizonte aberto e estruturado e a interpretação faz surgir o sentido.* Isso eu tenho explicado amiúde em *Hermenêutica Jurídica e(m) crise*, *Verdade e Consenso* e *Jurisdição Constitucional* e *Decisão Jurídica.*

Não é nenhuma novidade dizer que as palavras da lei não são unívocas e que são, na realidade, plurívocas. Essa questão o próprio Kelsen já detectara de há muito. Mas isso não significa que o processo hermenêutico admita discricionariedades e decisionismos.

[1] Tenho trabalhado o conceito de desleitura a partir de Harold Bloom e seus livros *Um Mapa da Desleitura* (2. ed. Rio de Janeiro: Imago, 2003) e *A angústia da influência* (2. ed. Rio de Janeiro: Imago, 2002). Também Ernildo Stein, (*Às Voltas com a Metafísica e a Fenomenologia*. Ijuí: Editora Unijuí, 2014), vem discutindo essa temática. Trata-se de enfrentar as poluições semânticas que vão se acumulando aos conceitos no decorrer do tempo.

É possível encontrar respostas corretas em direito, justamente pelo caráter antirrelativista da hermenêutica filosófica. É esse espaço que é ocupado pela Crítica Hermenêutica do Direito (CHD).

Com a CHD, busco apresentar um ferramental para a interpretação do direito. Para tal, uso como fio condutor o "método" fenomenológico, visto, a partir de Heidegger,[2] como "interpretação ou hermenêutica universal", é dizer, como revisão crítica dos temas centrais transmitidos pela tradição filosófica através da linguagem, como destruição e revolvimento do chão linguístico da metafísica ocidental, mediante o qual é possível descobrir um indisfarçável projeto de *analítica da linguagem, numa imediata proximidade com a* praxis *humana, como existência e faticidade,* em que a linguagem – o sentido, a denotação – não é analisada num sistema fechado de referências, mas, sim, no plano da historicidade. Enquanto baseado no método hermenêutico-linguístico, o texto procura *não se desligar da existência concreta,* nem da carga pré-ontológica que na existência já vem sempre antecipada.

A tarefa da Crítica Hermenêutica do Direito – CHD – é a de "desenraizar aquilo que tendencialmente encobrimos" (Heidegger-Stein). Fincada na matriz teórica originária da ontologia fundamental, busca, através de uma análise fenomenológica, o des-velamento (*Unverborgenheit*) daquilo que, no comportamento cotidiano, ocultamos de nós mesmos (Heidegger): o exercício da transcendência, no qual não apenas somos, mas percebemos que somos (*Dasein*) e somos aquilo que nos tornamos através da tradição (pré-juízos que abarcam a faticidade e historicidade de nosso ser-no-mundo, no interior do qual não se separa o direito da sociedade, isto porque o ser é sempre o ser de um ente, e o ente só é no seu ser, sendo o direito entendido como a sociedade em movimento), e onde o sentido já vem antecipado (círculo hermenêutico). Afinal, conforme ensina Heidegger, "o ente somente pode ser descoberto seja pelo caminho da percepção, seja por qualquer outro caminho de acesso, quando o ser do ente já está revelado".

Trata-se, enfim, da elaboração de uma análise antimetafísica – entendida a metafísica como ontoteologia – isto porque a partir da viragem linguística e do rompimento com o paradigma metafísico aristotélico-tomista e da filosofia da consciência (e de suas vulgatas voluntaristas), a linguagem deixa de ser uma terceira coisa que se interpõe entre um sujeito e um objeto, passando a ser condição de

[2] Para tanto, ver STEIN, Ernildo. *A questão do método na filosofia. Um estudo do modelo heideggeriano.* Porto Alegre: Movimento, 1983, p. 100 e 101.

possibilidade. Ao mesmo tempo, o processo interpretativo deixa de ser reprodutivo (*Auslegung*) e passa a ser produtivo (*Sinngebung*). É impossível ao intérprete desprender-se da circularidade da compreensão, isto é, como aduz com pertinência Stein, nós, que dizemos o ser, devemos primeiro escutar o que diz a linguagem. A compreensão e explicitação do ser já exige uma compreensão anterior. Há sempre um sentido que nos é antecipado. Opta-se, desse modo, por adotar a matriz heideggeriana, enquanto superação do esquema sujeito-objeto, representada pela busca na filosofia de um fundamento para o conhecimento, a partir do discurso em que impera a ideia de juízo (Stein). O privilegiamento da ontologia fundamental heideggeriana radica na construção das condições de possibilidades que esse ferramental representa para uma crítica ao pensamento objetificador que domina o pensamento dogmático do direito. A ontologia fundamental rompe com o processo de entificação do ser próprio do pensamento dogmático-jurídico. Dito de outro modo, enquanto a dogmática jurídica tenta explicar o direito, a partir da ideia de que o ser (o sentido) é um ente (isto é, como se o conceito de "coisa julgada" ou "legítima defesa" fosse um ente apreensível como ente), a partir de Heidegger, pretendo mostrar que há uma clivagem entre nós e o mundo, porque nunca atingimos o mundo dos objetos de maneira direta, mas, sim, sempre pelo discurso.[3]

A Crítica Hermenêutica do Direito (CHD) sustenta-se na noção de "método" formulado por Heidegger, pelo qual a linguagem é comandada pela coisa mesma, torna-se absolutamente relevante sua inserção no direito, exatamente pelo fato de que o pensamento dogmático do direito, por ser objetificador e pensar o direito metafisicamente, esconde a coisa mesma, obnubilando o processo de interpretação jurídica. É nesse contexto que exsurge a diferença ontológica (ontologuische Differentz), ponto fulcral para o desenvolvimento de uma teoria crítica que ultrapasse o esquema sujeito--objeto.

Vou tentar explicar isso a partir de uma aplicação (na verdade, sempre aplicamos; não existem raciocínios *in abstrato*). Ainda na minha função de Procurador de Justiça junto ao Ministério Público, minha assessoria apresentou-me um caso de furto qualificado por escalada (como se sabe, a pena do furto qualificado é o dobro da do furto simples). O acusado (apelante no processo) fora condenado a três anos porque pulara o muro para chegar até à *res furtivae*.

[3] Cf STEIN, Ernildo. *Diferença e metafísica*: ensaios sobre desconstrução. Porto Alegre: EDIPURS, 2000, p. 48.

Tudo provadinho, inclusive com fotografias do muro escalado. Examinando um certo manual de direito penal – dos mais vendidos – ver-se-á que escalada é subir em alguma coisa... Genial, não? E isso serve para dobrar a pena?

Convidei-os, então, a fazer a reconstrução da história institucional do instituto penal em pauta. O tipo penal-qualificado é dos anos 40. Não havia bancos (ou havia poucos). Construíam-se altos muros para proteger as casas. E como o CP protege mais a propriedade do que a vida, a pena do furto dobra se alguém escalar o obstáculo. E o caso concreto? Importa? Claro. Ali, a foto mostrava que o muro não tinha mais de um metro e sessenta, além de ter uma caixinha com relógio marcador da conta d'água da companhia que vende água, que serviu para colocar o pé do infeliz ao proceder à "escalada". Pois bem. Olhando o problema a partir da simples semântica e dos manuais – enfim, do senso comum teórico – estava caracterizada, subsuntivamente – a qualificadora da escalada. Mas o fenômeno, reconstruído, já não era o da "primeira vista". Afora, era como o caso da cabeça e do rabo do peixe. Aquilo, obviamente, não podia ser enquadrado como "escalada". Simples, pois.

Mas, aqui, já dei um esboço do que é o enfrentamento do senso comum teórico. Vamos falar mais um pouco dele mesmo, o senso comum.

1.2. As "Ideias de Canário" e os limites do meu mundo

Primeiro, quando alguém fala em "limites do meu mundo", sempre aparece um aluno para se adiantar e dizer: "os limites do meu mundo são a minha linguagem, como bem disse Wittgenstein, com sua filosofia da linguagem". Calma. Esse é o Wittgenstein da primeira fase, do *Tratactus*. Dessa sua fase na qual acreditava em um isomorfismo lógico entre a realidade e a linguagem. Só para deixar isso claro, porque não aguento a malta lendo coisas de orelha. O livro da segunda fase é *Investigações Filosóficas*. E ali ocorre uma viragem. Mas, deixemos isso para lá.

Sigo, então, para introduzir um autor que, antes de se falar em conceito de ideologia (pelo menos no Brasil), invasão da filosofia pela linguagem, *linguistic turn*, etc., e sem ter estudado filosofia, já desnudou o sentido do senso comum. Trata-se do nosso Machado de Assis, com o conto *Ideias de Canário*. Ei-lo, resumidamente (já o havia feito, mas, vai de novo):

Um homem, Sr. Macedo, vê um canário em uma gaiola, pendurada em uma loja de quinquilharias. Ao indagar em voz alta quem teria aprisionado a pobre ave, esta responde que ele estava enganado. Ninguém o vendera. O Sr. Macedo perguntou-lhe se não tinha saudade do espaço azul e infinito, ao que o canário perguntou: – "que coisa é essa de azul e infinito"? Então o homem afinou a pergunta: – "que pensas do mundo, oh canário"? E este respondeu, com ar professoral: "o mundo é uma loja de quinquilharias, com uma pequena gaiola de taquara, quadrilonga, pendente de um prego; o canário é senhor da gaiola que habita e da loja que o cerca. Fora daí, tudo é ilusão". E acrescentou: "Aliás, o homem da loja é, na verdade, o meu criado, servindo-lhe comida e água todos os dias". Encantado com a cena, o Sr. Macedo comprou o canário e uma gaiola nova. Levou-o para a sua casa para estudar o canário, anotando a experiência.

Três semanas depois da entrada do canário na casa nova, pediu-lhe que lhe repetisse a definição do mundo.

– O mundo, respondeu ele, é um jardim assaz largo com repuxo no meio, flores e arbustos, alguma grama, ar claro e um pouco de azul por cima; o canário, dono do mundo, habita uma gaiola vasta, branca e circular, donde mira o resto. Tudo o mais é ilusão e mentira.

Dias depois, o canário fugiu. Triste, o homem foi passear na casa de um amigo. Passeando pelo vasto jardim, eis que deu de cara com o canário.

– "Viva, Sr. Macedo, por onde tem andado que desapareceu"?

O Sr. Macedo pediu então que o canário lhe definisse de novo o mundo. O mundo, concluiu solenemente, é um espaço infinito e azul, com o sol por cima.

Indignado, o Sr. Macedo retorquiu-lhe. – "Sim, o mundo era tudo, inclusive a gaiola e a loja de quinquilharias...". Ao que o canário disse: – Que loja? Que gaiola? Estás louco?

1.3. Compreenderam?

Pois bem. Cada um de nós pode se imaginar inserido nesse contexto "canarial". Pensem naquilo que "parece que é", "sempre foi assim", "é óbvio", etc., mas que, revolvendo o chão linguístico... acaba se mostrando (bem) de outro modo.

O senso comum é cruel. É ladino. Safado. Ele é como o óbvio. Se esconde. Dissimula. Desvendar as obviedades do óbvio: eis a tarefa do jurista crítico. Como dizia Darci Ribeiro, o maior antropólogo de *terrae brasilis*, Deus é tão treteiro, faz as coisas tão recôndidas e sofisticadas, que ainda precisamos dessa classe de gente – os cientistas – para desvendar as obviedades do óbvio.

Eis o que fez Machado ao escrever o conto *Ideias de Canário*. Antecipou em décadas o *linguistic turn* e as grandes discussões sobre a noção de imaginário (penso, logo, no grande livro *A Instituição Imaginária da Sociedade*, de Cornelius Castoriadis, que tanto usei, nos anos 80, em minha dissertação de mestrado).

1.4. O tamanho do imaginário e do mundo

Quando cursei Direito, há tantos anos, os limites do meu mundo estavam no prédio velho da Faculdade (da antiga Festa Nacional do Fumo). Com 18 anos, cursei a Faculdade com 5 livros e alguns xerox (que desbotavam). Nenhum dos meus professores tinha pós-graduação *lato sensu*. Nenhum deles tinha escrito artigos ou livros. O mundo me era dado pela fala do professor. Meu mundo era a faculdade, meu trabalho, meu futebol, minha namorada... o resto era mentira e ilusão.

Depois me formei e fiz minha primeira pós (*lato sensu*). Em Sociedade e Política da América Latina. Com professores que tinham mestrado e doutorado. Céus. E li Darci Ribeiro, Celso Furtado, os Cepalinos... Meu mundo era o que eu já tinha e mais isso tudo: tinha tido aula com professores que discutiram os próprios textos. Conheci autores, portanto. Meu mundo era isso... fora daí, tudo era ilusão

E assim fiz meu segundo (Cultura e Política do Brasil Pós-30) e terceiro (Teoria Geral do Direito) cursos de especialização. Minha gaiola ficava maior. Warat (com quem aprendi o sentido do sentido comum teórico dos juristas – ninguém fez isso melhor do que o gringo), Kelsen, Hart... O pátio também ficava maior. Já havia um pouco de céu azul. Então fui fazer mestrado. Meus professores davam seus próprios textos como matéria. E eu conheci professores de outros países. E cada vez mais lia coisas novas. E o horizonte se alargava. Meu mundo agora era o mestrado. Eu até já palestrava. E escrevi meu primeiro texto. E o resto... era ilusão.

Então veio o doutorado. Palestras. Seminários. Novos professores. Viagens. Tese. Livros. O que é o mundo? O mundo agora era além-fronteiras. Céu azul. Infinito. E veio o pós-doutorado. Europa. Livros. Artigos. Dezenas. Conferências. Aulas no exterior. E o mundo? O mundo é tudo isso: a Escolinha da Várzea do Agudo, a Escolinha em que lecionei, minha bicicleta comprada em prestações, a oficina mecânica na qual trabalhei em condições absolutamente insalubres, a enxada que puxei, as defesas que fiz como goleiro, os gols que levei, o braço que quebrei, o tiro que não me errou, a Rosane com quem casei, a Malu que nasceu, os cursos que cursei, os mais de cem textos que escrevi, os mais de vinte livros que lancei, os amigos (e eventuais inimigos) que fiz... Ah, esse mundo... Eis uma parte de minha subjetividade, que deve sempre ser controlada pela intersubjetividade na qual *com-vivo* e me aproprio dos sentidos, que se dão nesse *a priori* compartilhado, enfim, nessa razão hermenêutica.

E o resto? Bem... o resto não é ilusão. O resto a gente busca cotidianamente. Fundindo horizontes. Quando cursava a faculdade, não imaginava como eram os escritores de livros... Hoje os escrevo. O horizonte vai crescendo na medida em que damos mais um passo. Machado de Assis sabia disso. Por isso, escreveu esse belo conto. Que permite tantas interpretações.

Boa leitura a todos, agora nesta segunda edição já contendo os influxos hermenêuticos do e no novo Código de Processo Civil!

2. A crise do ensino jurídico e os concursos públicos: o círculo vicioso e a retroalimentação da crise

2.1. Da crise do ensino ao ensino da crise: elementos introdutórios

A crise do ensino jurídico não é uma realidade nova, ao contrário, há anos tem sido denunciada, valendo destacar importantes nomes como Luis Alberto Warat, Tércio Sampaio Ferraz Júnior e José Eduardo Faria. Hodiernamente, para além da inadequação das propostas pedagógicas contemporâneas e do caráter (re)produtor do juspositivismo, esta crise assume novos contornos.

É nessa trilha que o presente texto busca se ocupar da simbiose existente entre ensino-doutrina-concurso, intentando evidenciar que esta mutualidade tem contribuído para o agravamento da crise e a consolidação de entendimentos apenas perfomaticamente pós-positivistas. Isto é, dantes questionávamos o atrelamento do ensino com a cartilha do positivismo jurídico, hoje, a questão que vem a baila é: somos de fato pós-positivistas? Conseguimos transpor o positivismo jurídico, ou o nosso ensino está ou continua enraizado neste paradigma, mesmo quando afirmamos o oposto?

Almejando lançar um olhar hermenêutico sobre o tema, proponho, inicialmente, uma abordagem mais ampla acerca do juspositivismo e o não êxito das propostas pretensamente rupturais, uma vez que, envolvidas em um abissal sincretismo conceitual, não conseguem romper com o principal problema do positivismo que é o discricionarismo decisional que perpassa todo o normativismo ou, na classificação de Bobbio, o positivismo *metodológico/conceitual*.

Após, abordo a relação entre ensino jurídico e concursos e o próprio exame da OAB, demonstrando a influência destes últimos no modo de ensinar o direito, tanto na forma como no conteúdo, bem como suas limitações para os fins a que se destinam. Posteriormente, será feita uma anamnese da Resolução 75/2009 do Conselho

Nacional de Justiça que incluiu "Noções Gerais de Direito e formação Humanística" para os concursos da Magistratura, buscando desvelar a manutenção de velhos postulados, muitos deles ainda caudatários da forma positivista de se fazer teoria do direito.

Imerso nesta realidade em que o ensino e a doutrina se bastam enquanto preparatórios para os concursos e o exame da OAB, inclusive nas faculdades, a crise, aparentemente, alcança sua estabilidade. O que outrora era tido como enunciador da crise, o juspositivismo, agora está nas entranhas do nosso modo de pensar e fazer o direito. Escondido, o problema agora se transveste de solução. Saltamos da crise do ensino para o ensino da crise. Na raiz, uma pergunta ainda não respondida: o que é isto – o positivismo jurídico?

2.2. Afinal, o que é positivismo? Como não se constrói o novo sob o alicerce do velho, principalmente, quando o problema é estrutural

Em terras brasileiras ninguém mais quer ser positivista. Somos uma nação de "pós-positivistas", "não-positivistas" ou "neoconstitucionalistas". Nesse contexto, de um modo geral, as posturas "rupturais" apresentam-se como (re)adaptações do velho, sendo perceptível a continuidade de fundamentos jusfilosóficos que, em tese, estariam superados.

Mas o que é isto – o juspositivismo? Ouvem-se muito, nos mais diversos espaços de (re)produção do discurso jurídico, críticas ao famigerado paradigma. Uma das críticas mais recorrentes se refere ao encarceramento da interpretação na "literalidade" normativa. Assim, quando alguém defende a aplicação de um determinado texto jurídico invocando, por assim dizer, um elevado grau de "literalidade", logo é taxado de positivista. O epíteto fica brilhando como em um *outdoor* na testa do jurista que ousa fazer tal afirmação. Mas fazer a defesa da "literalidade da lei" seria uma atitude positivista?

Quando falamos em positivismos e pós-positivismos, torna-se necessário, já de início, deixar claro o "lugar da fala", isto é, sobre "o quê" estamos falando. Com efeito, de há muito minhas críticas são dirigidas primordialmente ao positivismo normativista pós-kelseniano, isto é, ao positivismo que admite discricionariedades (ou decisionismos e protagonismos judiciais). Isto porque considero, no âmbito destas reflexões e em obras como *Verdade e Consenso*,[4] superado o velho positivismo exegético (nas suas diversas espécies "nacionais").

Ou seja, não é (mais) necessário dizer que o "juiz não é a boca da lei", etc., enfim, podemos ser poupados, nesta quadra da história, dessas "descobertas da pólvora". Isto porque essa "descoberta" não pode implicar um império de decisões solipsistas, das quais são exemplos as posturas caudatárias da Jurisprudência dos Valores (que foi "importada" de forma equivocada da Alemanha), os diversos axiologismos, o realismo jurídico (que não passa de um "positivismo fático"), a ponderação de valores brasileira (pela qual o juiz literalmente escolhe um dos princípios que ele mesmo elege *prima facie*),[5] etc.

Explicando melhor: o positivismo é uma postura *científica* que se solidifica de maneira decisiva no século XIX. O "positivo" a que se refere o termo *positivismo* é entendido aqui como sendo os *fatos* (lembremos que o neopositivismo lógico também teve a denominação de "empirismo lógico"). Evidentemente, *fatos*, aqui, correspondem a uma determinada interpretação da realidade que engloba apenas aquilo que se pode contar, medir, pesar ou, no limite, algo que se possa definir por meio de um experimento.

Por certo que o positivismo jurídico, enquanto paradigma teórico, está longe de ser algo uniforme. Muito ao contrário, por positivismo jurídico é possível considerar posições teóricas que são, entre si, profundamente heterogêneas. Esse desgaste gerado pela ampliação do campo semântico em torno daquilo que poderia ser definido como positivismo jurídico levou, ainda na década de 1950, à produção de trabalhos que pretendiam, entre outras coisas, organizar o âmbito denotativo do termo. Os trabalhos de Norberto Bobbio, na tradição continental, e de Herbert Hart, no âmbito da cultura anglófona, são exemplos representativos desse esforço.

É bastante conhecida a separação analítica que faz Bobbio entre *positivismo ideológico*, *positivismo teórico* e *positivismo metodológico* ou *conceitual*.[6] No interior de cada uma destas categorias, o mestre italiano procurava afirmar algumas características marcantes que

---

[4] Cf. STRECK, Lenio Luiz. *Verdade e Consenso*: constituição, hermenêutica e teorias discursivas. 5. ed. São Paulo: Saraiva, 2014.

[5] Sobre a importação das teorias no Brasil, ver STRECK, Lenio Luiz. *Verdade e Consenso*, op. cit., p. 27 à 57.

[6] Cf. BOBBIO, Norberto. *O positivismo Jurídico*. São Paulo: Ícone, 1995, *passim*. ——. *El problema del positivismo jurídico*. México: Distribuiciones Fontamara, 1995.

poderiam ser observadas nas diversas tradições que são adjetivadas como positivistas.

Em todas elas, o problema do conceito de direito, a questão da relação entre direito e moral e a postura que o analista do direito deve ter com relação ao seu objeto de estudo, marcam os elementos determinantes para a construção de cada um destes âmbitos do positivismo jurídico.

2.2.1. *Positivismos: ideológico, teórico e metodológico/conceitual*

Norberto Bobbio, diante das críticas sofridas pelo positivismo jurídico, sobretudo, pelo jusnaturalismo e pela sociologia do direito, distinguiu três aspectos do paradigma positivista que foram sendo observados ao longo da história. O objetivo do jusfilósofo italiano era demonstrar a impossibilidade de uma crítica genérica ao juspositivismo, sendo necessário, portanto, identificar se a análise refere-se ao positivismo enquanto uma ideologia (ideológico); como uma teoria (teórico) ou na qualidade do modo de aproximação (*approach*) do estudo do direito (metodológico ou conceitual).[7]

Assim, o positivismo ideológico é caracterizado em posturas que defendem a tese de que o direito positivo possui força obrigatória, devendo ser por todo obedecido e aplicado pelos juízes, independentemente de um "julgamento" acerca dos escrúpulos morais que o envolvem. Vale dizer, deve ser observado ou aplicado pelo simples fato de ser direito, sendo indiferente o seu conteúdo.

Nesse caso, haveria uma pretensa separação conceitual entre o direito e a moral. Todavia, como bem adverte Santiago Nino,[8] a tese do positivismo ideológico não é de natureza conceitual, envolvendo, igualmente, uma postura moral (ideológica). Seria uma

---

[7] Nesta seção desenvolvo um diálogo da proposta de Bobbio, no que tange aos três aspectos ou formas do juspositivismo, com a crítica ao referido paradigma que venho realizando em minhas pesquisas. Não obstante, entendo que a distinção analítica apresentada pelo jusfilósofo italiano manifesta-se limitada para abordagens como esta. Conceitos analíticos como esses acabam, ao fim e ao cabo, em uma tautologia. Ou seja, a tautologia limita a compreensão do fenômeno, o que pode ser notado pela existência de uma imbricação dos três aspectos, isto é, o positivismo enquanto uma metodologia possui também aportes teóricos e ideológicos e assim entre os demais, sendo, no mínimo, uma redução que encobre parte do problema. O positivismo, em síntese, jamais pode ser enquadrado/classificado como ideológico sem que nele estejam presentes os outros dois "tipos". Noutro passo, leituras neste nível (apofântico) não desvelam aquilo que se esconde naquilo que se mostra, isto é, toda a facticidade que é condição de possibilidade de sua enunciação.

[8] Cf. NINO, Santiago. *Introducción al análisis del derecho*. 2. ed. ampl. rev. Buenos Aires: Editorial Astrea, 1995. p. 32-35

postura efetivamente valorativa que defende que, em suas decisões, os juízes devem considerar um único princípio moral: observar tudo aquilo que o direito vigente determina.

Em minha obra, o positivismo jurídico enquanto ideologia é identificado nas versões juspositivistas do séc. XIX, que denomino como positivismo primevo ou primitivo, principalmente, na Escola da Exegese. Neste contexto, lei e direito tornam-se a mesma realidade e a jurisdição é considerada uma atividade mecânica de aplicação legislativa.

Eis aqui um ponto que, no âmbito do peculiar sincretismo que domina o pensamento jurídico brasileiro, gera grande perplexidade. Geralmente, procura-se aplicar a Kelsen um tipo de pecha que o colocaria como defensor deste positivismo primitivo caracterizado por esta ideologia (na medida em que sua obra supostamente pregaria uma espécie de aplicação, cega de valores, do direito positivo). Todavia, esse tipo de interpretação só pode ser feita por alguém que possua algum tipo de domínio vulgar da teoria do direito. Nesse caso, é sempre necessário lembrar que, em Kelsen, operamos com dois níveis: o da ciência do direito e o do direito, das práticas jurídicas. Kelsen nunca afirmou que os órgãos aplicadores do direito tinham o dever – moral – de decidir segundo as regras vigentes.[9] O comando que determina a redução da atividade do jurista à descrição das normas jurídicas, adequadas a uma norma hipotética fundamental pressuposta, é de natureza epistemológica e aplica-se, como tal, apenas à ciência do direito. Esse é o *busílis* da teoria kelseniana. No campo das práticas jurídicas, estamos diante daquilo que, com Warat, podemos nomear de "política jurídica".

Por outro lado, conforme a proposta de Bobbio, podemos identificar, também, o positivismo enquanto teoria. Neste aspecto, trata-se da estrutura do ordenamento jurídico e do arcabouço teórico para sua compreensão. Como exemplo cita a concepção legislativa, coativa e imperativa do direito bem com a ideia de coerência e completude do sistema. No que diz respeito às fontes, o direito seria formado de forma exclusiva e predominante por preceitos legislativos, sendo que esta acepção estaria muito próxima de um estatalismo jurídico. No fundo, o positivismo teórico também participa do horizonte juspositivista do séc. XIX. Vale ressaltar, segundo essa

[9] Em este sentido Nino defiende que Kelsen no niega que los juices pueden dejar de aplicar em sus decisiones normas jurídicas por razones morales. Esto permite sostener que, aunque pueda parecer, tampoco Kelsen sería um "positivista ideológico". Kelsen no afirma que hay una obligación moral de obedecer o aplicar a toda la norma jurídica." Cf. NINO, op. cit., p. 35.

corrente, que o direito é confundido com a lei, enquanto fonte formal emanada de um poder legislativo. Texto igual à norma, para utilizar uma nomenclatura mais contemporânea. Lei e direito, ali, são a mesma coisa. Todavia, Bobbio diferencia o positivismo enquanto teoria daquele de matiz ideológica, em virtude de que o apego à lei não seria um comando de ordem moral, mas, sim, de natureza meramente teórica: trata-se de um imperativo do dedutivismo conceitual.

Por fim, o jusfilósofo apresenta o juspositivismo enquanto modo de aproximar-se do estudo do direito, também chamado de positivismo metodológico ou conceitual (este último em referência ao recorte acerca do conceito de direito). Nesta perspectiva o direito não deve ser caracterizado de acordo com propriedades valorativas, mas, sim conforme propriedades descritivas. As proposições utilizadas pelos juristas para descrever o direito não implicam em juízos valorativos. Ao contrário, elas estão fundadas apenas em critérios de verificação observáveis empiricamente.

Diferentemente dos aspectos anteriores, o positivismo metodológico/conceitual é aquele em que os principais juristas e jusfilósofos positivistas se encontram (Austin, Kelsen, Ross, Hart, dentre outros) bem como as versões contemporâneas do juspositivismo (exclusivo ou inclusivo). Isto é, a maioria não defende o positivismo enquanto ideologia e poucos concordam com a limitação teórica do fenômeno jurídico enquanto um conjunto de preceitos legislativos emanados pelo Estado. Entretanto, majoritariamente, reconhecem que o conceito de direito deve resultar de uma descrição apoiada somente em propriedades fáticas, empíricas. Talvez, isso indique o porquê de ser o aspecto mais difícil de ser contestado e criticado. Na verdade, não há dúvida de que se trata da forma mais sofisticada do positivismo e é aquela que, no âmbito da teoria do direito, encontra maior repercussão atual.

O grande detalhe que marca essa construção do positivismo jurídico diz respeito ao fato de, no seu interior, o teórico do direito poder afirmar que, em algumas hipóteses específicas, os juízes podem decidir casos que não estão previamente previstos de forma unívoca pela ordem jurídica vigente, sem se contradizer. Nalguns casos, poder-se-ia afirmar que o juiz pode inclusive deixar de aplicar uma lei porque a considera moralmente injusta, sem que isso represente uma contradição da teoria. E isso tudo porque, dentre os critérios de verificação observáveis empiricamente, aparece o da chamada discricionariedade judicial, que funciona como uma espécie de pedra filosofal da interpretação. Ela não aparece como problema; ao contrário, ela aparece como solução, ou, no mínimo, enquanto uma constatação científica, teoricamente "neutra", do modo como se resolvem determinadas controvérsias jurídicas. Entretanto, venho há tempos denunciando que o problema da institucionalização da discricionariedade gera um enorme déficit democrático, facilmente constatado a partir de teses como "livre apreciação da prova, livre convencimento, decisão conforme a consciência do julgador", etc. Quem detém o poder de decidir de forma discricionária? Eis a questão.

E esse é o ponto fulcral: determinadas posturas caracterizadas com o positivismo metodológico, reconhecem a possibilidade de o juiz decidir certos (na verdade, muitos) casos a partir de critérios extrajurídicos. Todavia, em nenhum momento essa postura positivista afirmará que o juiz esta obrigado a decidir segundo um padrão normativo prévio. Uma vez que esse "padrão normativo prévio" seria carecedor de um teste de verificação empírica.

2.2.2. *Positivismo exclusivo e positivismo inclusivo*

Todo esse debate a respeito dos diversos positivismos foi atualmente ampliado pela incorporação de novos elementos. Na verdade, algumas propostas de renovação das postulações básicas do positivismo jurídico metodológico/conceitual ou, simplesmente, normativista – se privilegiarmos a sua vertente kelseniana. Assim, fala-se em novas formas de positivismos, como seria o caso do *positivismo inclusivo* e, por outro lado, defende-se uma manutenção de algumas de suas características essenciais, que desaguaria em um *positivismo exclusivo*.

Há várias formas de se compreender essa problemática. Porém, penso que a melhor interpretação procura retratar o problema a partir das incursões críticas realizadas por Dworkin em seu debate com o positivismo.

Como é cediço, a obra de Dworkin se projeta a partir de uma dura crítica a uma forma de positivismo conceitual: aquela proposta por Herbert Hart. Um dos elementos nucleares da crítica apresentada por Dworkin está assentado exatamente no conceito de poder discricionário e de suas repercussões para a aplicação do direito.

Basicamente, Dworkin afirmava que, mesmo nos casos específicos no interior dos quais os positivistas conceituais reconheciam a possibilidade de decisão discricionária, seja pela falta de uma regra clara, seja por questões de divergência interpretativa, haveria, também aqui, a necessidade de se observar que tais decisões aderem a padrões normativos obrigatórios. Tais padrões seriam *princípios* que estariam embebidos em uma forte controvérsia de fundo não apenas jurídico, mas, também – e principalmente –, moral.

Assim, mesmo nos casos em que a interpretação dos direitos que conformam o caso não seja "fácil"; que não exista regra clara; ou que, supostamente, estaria a regra a ser aplicada em divergência com uma estrutura político-moral prévia, não estaria o julgador livre para decidir segundo os critérios extrajurídicos que achasse mais convenientes para o caso. Estava ele obrigado – por um dever moral – a "descobrir" os direitos que as partes têm. A esse dever moral, Dworkin dá o nome de *responsabilidade política*.

Posteriormente, Dworkin aperfeiçoaria ainda mais este seu argumento inicial. Nesse caso, a construção radical da ideia de que o direito seria/é um conceito interpretativo (e essa é uma questão de paradigma filosófico que parece que seus adversários não compreenderam) altamente controvertido e da ideia de integridade são pontos importantes que visam, no fundo, identificar – não através de recursos meramente empíricos, por certo – como se dá essa responsabilidade política dos juízes.

Em minhas obras, essas descobertas de Dworkin fornecem um aporte significativo às minhas propostas. Todavia, procuro ir além em diversos aspectos a partir da construção daquilo que passei a chamar de um *direito fundamental a uma resposta constitucionalmente adequada*.

Outro elemento aproximador – entre minhas teses e as de Dworkin – diz respeito à tentativa de responder ao problema da "ausência do critério empírico de verificação", sem cair em uma espécie de *jusnaturalismo* tardio. Vale dizer: como é possível afirmar que os juízes sempre possuem o dever – moral – de decidir de forma adequada à Constituição, sem resvalar, com isso, em uma vinculação absoluta entre direito e moral e sem, ao mesmo tempo, cair nas malhas do positivismo ideológico?

A resposta aparece, como também intuiu Dworkin, em Gadamer e sua hermenêutica filosófica. Na verdade, a hermenêutica filosófica surge como uma efetiva terceira via que passa ao largo da velha díade *positivismo* v.s. *jusnaturalismo*. Novamente, aqui, o papel da filosofia – compreendida paradigmaticamente – como condição de possibilidade.

Na verdade, todo positivismo conceitual está fadado ao fracasso porque desconhece dois elementos profundos que marcam a experiência jurídica: em primeiro lugar, o caráter radicalmente interpretativo do direito (não existe direito imune à interpretação); por outro lado, e em consequência desse primeiro "esquecimento", o excessivo apego aos critérios empíricos de justificação.

Ora, Gadamer foi decisivo ao demonstrar que a experiência hermenêutica da interpretação (seja de que tipo de texto se esteja a tratar) ultrapassa o plano da simples verificação empírica. De fato, ela é um acontecimento marcado desde sempre por uma compreensão fundada, por sua vez, em uma autocompreensão do intérprete mergulhado em um mundo compartilhado. Eis, aqui, a superação do esquema sujeito-objeto, problemática que parece esquecida nos diferentes intérpretes de matriz analítica do(s) positivismo(s).

Assim, o positivismo conceitual sofre de uma espécie de "cegueira analítica": perde-se no raso dos elementos empíricos de justificação e se esquece que a compreensão das formas jurídicas acontece em um nível muito mais profundo, mais além de um mero discurso sobre fontes ou autoridades de instituição.

As teses de Dworkin provocaram, sem dúvida nenhuma, uma reformulação em diversos aspectos do positivismo conceitual. Ao mesmo tempo, adeptos de posturas mais ligados a uma teoria pragmática do direito procu(ra)ram, constantemente, responder às críticas formuladas por ele ao positivismo pragmaticista.

Assim, autores como Jules Coleman e Joseph Raz, podem ser incluídos como membros representativos de uma longa lista de detratores – muitas vezes com alto grau de leviandade – de sua teoria da responsabilidade política dos juízes.

Coleman[10] ofereceu uma interpretação do estágio atual positivismo que fez fama pelo mundo, principalmente no mercado jurídico de língua espanhola. Trata-se da separação/distinção entre *positivismo inclusivo* e *positivismo exclusivo*. O positivismo inclusivo estaria representado pela posição do próprio Coleman ao passo que o representante contemporâneo mais emblemático do positivismo exclusivo seria Joseph Raz.

A posição de Coleman não pode ser considerada original. Ela se apresenta no máximo – e com muitas ressalvas – como uma tentativa de reformulação das formas anteriores de positivismo. Nada

---

[10] Cf. COLEMAN, Jules. *The Practice of Principle*: In defense of a pragmatist approach to the Legal Theory. Oxford: Oxford University Press, 2010.

de novo nisso. Assim, sua postura poderia ser definida da seguinte forma: diferente das tradicionais formas de positivismo que separam qualquer tipo de critério moral dos domínios da teoria do direito, sua proposta aceitaria a introdução de critérios morais no texto para identificar o direito válido, mas somente se a comunidade jurídica tiver adotado uma convenção que assim determine.

Seria, portanto, um tipo de positivismo – que mantém o apego pelas *fontes sociais do direito* – porém, inclusivas com relação à possibilidade de incorporação de elementos morais. Coleman recorre a Hart para dizer que a regra de reconhecimento, em casos explícitos, pode permitir que princípios morais possam ser aceitos como juridicamente obrigatórios. Esta é considerada a versão débil ou fraca da tese das fontes sociais, que poderia ser resumida da seguinte maneira: a) o direito provém exclusivamente dos fatos sociais por ser uma prática social; b) consequentemente, é possível que nos critérios de identificação sejam convencionalmente aceitos raciocínios de cunho moral.

Nessa postura, aceita-se a tese da discricionariedade, porém de forma minorada: os fatores morais "incluídos" no direito positivo limitariam as possibilidades de escolha dos juízes no momento das suas efetivas decisões. Mas, fica uma questão em aberto: como detectar o ingresso dos fatores morais no direito? De que modo isso é controlado?

Por outro lado, têm-se as posições exclusivistas ilustradas privilegiadamente por Joseph Raz.[11] Neste caso, prega-se uma separação radical entre moral e direito. Tem-se a versão forte da tese das fontes sociais, para a qual inexiste uma conexão entre Direito e Moral que permita a identificação daquele a partir deste. Isto é, a normatividade jurídica é identificada sem nenhuma relação com a moralidade. Afirma-se, porém, que o direito apresenta limites – em face da imprevisibilidade da administração judicial dos fatos sociais – e, diante de um desses limites, o juiz mantém para si poder discricionário para decidir, segundo os critérios que lhe parecerem mais convenientes, a questão posta. Nesse caso, a descoberta de uma norma jurídica válida continua a depender, apenas, de uma questão de fontes. E, claro, da subjetividade do juiz (aqui, claramente visível, em Raz, a despreocupação com o problema dos paradigmas filosóficos).

[11] Cf. RAZ, Joseph. *Between Authority and Interpretation*. New York: Oxford University Press, 2009; ——. Legal Principles and the Limits of Law. In: *The Yale Law Journal*, vol. 81, n. 5 Abril de 1972, p. 823-825.

Devemos lembrar que, para a grande maioria dos positivistas do *common law* – e Raz não é exceção – o problema da interpretação está ligado a uma interpretação do direito enquanto sistema, isto é, devemos entender o problema levado a cabo por estes autores como algo do tipo "a partir de onde pode o juiz decidir?", e não "como deve o juiz decidir dentro de um certo sistema". Em outras palavras, a questão de fundo é o que distingue o jurídico dos demais sistemas normativos e não partindo do direito o melhor modo de resolver os litígios é este ou aquele. É, pois, um problema de identificação das fontes do direito, e não dos sentidos internos deste conjunto. Neste caso, uma vez identificados os limites da juridicidade, ainda que com uma série de buracos dentro dele, não há nada a fazer se não reconhecer um âmbito de discricionariedade para aquele que está legitimado a aplicar o direito.

Raz, portanto, conclui não apenas pela possibilidade da discricionariedade, mas a reconhece como uma das características identidárias dos ordenamentos jurídicos. Ademais, reconhece a possibilidade de o juiz se valer de critérios extrajurídicos para firmar sua decisão. Ele discute esses aspectos a partir de uma análise dos limites do direito e da noção de autoridade legítima. Sua análise está assentada na ideia de razão prática que, de forma analítica, é separada por ele de forma a conter uma dimensão avaliativa-substantiva e uma dimensão formal-analítica. A primeira pergunta pelas razões que nos levam a perseguir determinados valores; quais desses valores são corretos e inegociáveis, etc. A segunda ocupa-se dos aspectos lógico-conceituais ligados aos conceitos de valor, autoridade, legitimidade, etc.

Sua análise acaba por privilegiar, nesses importe, as questões analítico-formais envolvidas no problema da discricionariedade – principalmente os conceitos de autoridade e legitimidade – acabando por se manifestar, novamente, como uma vertente das teorias analíticas do direito.

Por isso que é preciso ter presente, desde já, que mesmo essas propostas pretensamente renovadoras do positivismo jurídico não contribuem para a solução do verdadeiro dilema do direito contemporâneo que é, exatamente, a superação da discricionariedade judicial a partir de uma teria da decisão.

Isso porque existe, na atual quadra da história, uma necessidade de se colocar de forma justaposta o problema da teoria do direito com as questões políticas, da teoria democrática. Os positivistas – exclusivos ou inclusivos – não se deram conta disso. Continuam a tratar do fenômeno jurídico como se este fosse independente da política. Ora, definitivamente, não é! E esse é um dado civilizatório. Afirmar, a esta altura dos acontecimentos, que a discricionariedade judicial é um fato empírico indiscutível – como que a repristinar a velha teoria aristotélica dos argumentos autoevidentes – é rasgar, de um ponto a outro, a teoria democrática e toda a tradição constitucionalista que se seguiu às ondas de redemocratização do pós-guerra e, nas ultimas décadas, estendeu-se para países da África, América-Latina e Leste Europeu.

No mais, caberia perguntar: qual a importância de se afirmar que a discricionariedade é um dado inescapável – ou uma solução para os limites que o direito encontra – para uma teoria do direito contemporânea? Na verdade, nenhuma. Ela marca, apenas, uma volta ao velho ponto cego do positivismo. Por isso, é preciso reconhecer que um teoria do direito só faz sentido hoje enquanto teoria interpretativa.

2.3. O Positivismo para além do "imaginário gnosiológico dos juristas". Dos aportes jusfilosóficos fundantes da construção juspositivista escondidos em posturas (supostamente) rupturais

As teorias críticas do direito – me refiro àquelas sustentadas na analítica da linguagem (caso específico, por exemplo, da teoria da argumentação jurídica) – não conseguem fazer mais do que superar um tipo específico de positivismo. No item anterior, refiro-me a este modelo de positivismo com a expressão *positivismo primitivo* (exegético). De toda forma, a protoultrapassagem que se faz no âmbito dessas teorias se dá, apenas, no que tange ao problema "lei=direito", isto é, somente alcançam o "sucesso" de dizer que "o texto é diferente da norma" (na verdade, fazem-no a partir não de uma diferença, mas, sim, de uma cisão (semântico-estrutural), cortando qualquer amarra de sentido entre texto e sentido do texto.

Para isso, valem-se da linguagem, especialmente calcados na primeira fase do *linguistic turn*, que conhecemos como o triunfo do neopositivismo lógico. Na especificidade do campo jurídico, as teorias analíticas tomaram emprestado do próprio Kelsen o elemento superador do positivismo exegético, que funcionava no plano semiótico da sintaxe, indo em direção de um segundo nível, o da semântica, o que se observa ainda hoje na "crítica do direito".

Que a lei não dá conta de tudo, Kelsen já havia percebido, só que, enquanto ele chegava a essa conclusão, a partir da cisão entre ser e dever ser, com a divisão entre linguagem objeto e metalinguagem, as teorias analíticas e seus correlatos chegam à mesma conclusão. Ocorre, entretanto, que essa "mesma conclusão" vem infectada com o vírus do sincretismo filosófico, uma vez que mixaram inadequadamente o nível da metalinguagem com o da linguagem objeto, isto é, do plano da ciência do direito (pura) e do direito (eivado do solipsismo próprio da razão prática).

Noutras palavras: Kelsen apostou na discricionariedade do intérprete – no nível da aplicação do direito – como sendo uma fatalidade, exatamente para salvar a pureza metódica, que assim permanecia "a salvo" da subjetividade, da axiologia, da ideologia, etc. Veja-se: Kelsen não separa a moral do direito. Ele separa, sim, a ciência do direito da moral. Esse é o *busílis* da questão. Ou seja, se Kelsen faz essa aposta nesse "nível", as diversas teorias (semânticas e pragmaticistas) apostam na discricionariedade a ser feita "diretamente" pelo intérprete/juiz.

Mais ainda, se Kelsen teve o cuidado de construir o seu próprio objeto de conhecimento – e, por isso, é um autêntico positivista –, a teoria pós-kelseniana que não compreendeu a amplitude e profundidade do neopositivismo lógico, acabou por fazer essa mixagem dos dois níveis (metalinguagem e linguagem-objeto). A partir dessa má compreensão, os juristas pensaram que o juiz seria o sujeito pelo qual, no momento da aplicação do direito (em Kelsen, o juiz faz um ato de vontade e não de conhecimento), passa(ria) a fazer a "cura dos males do direito". O que em Kelsen era uma fatalidade (e não uma solução), para as correntes semanticistas, passou a ser a salvação para as "insuficiências" ônticas do direito.

E de que modo as teorias analíticas pretendem controlar a "expansão linguística" provocada pela descoberta da cisão da norma com relação ao texto? A resposta é simples: pela metodologia. Algo como "racionalizar" o subjetivismo...! No fundo, um retorno à velha jurisprudência dos conceitos (*Begriffjurisprudenz*). Ou melhor, em tempos de jurisprudência dos valores, axiologismos, etc., "nada melhor" que um retorno a uma certa racionalidade dedutivista, seja ela proveniente do próprio sistema jurídico ou dos "valores objetivos" da sociedade. A diferença é que agora não se realiza mais uma pirâmide formal de conceitos para de(a)purar o sentido do direito positivo; ao revés, utiliza-se o intérprete como "canal" através do qual os valores sociais invadem o direito, como se o sujeito que julga fosse o fiador de que as regras jurídicas não seriam aplicadas de um modo excessivamente formalista. Ponto para a *Wille zur Macht* – a vontade do poder.

Ocorre que, ao permanecerem no campo da semanticidade, os juristas que se inserem nesse contexto (na verdade, a maioria) são obrigados – sob pena de autodestruição de seu discurso) – a admitir múltiplas respostas na hora da decisão (veja-se o que o próprio Kelsen diz no 8º Capítulo de sua TPD). Nada mais do que evidente: se as palavras contêm incertezas designativas/significativas, há que se admitir uma pluralidade de sentidos (no campo da semântica, é claro). Só que isso denuncia a cisão entre interpretar e aplicar. Observemos: o neopositivismo surgiu exatamente para construir uma linguagem artificial, com o fito de superar essa incerteza da linguagem natural com a qual era feita a ciência. Já as diversas teorias analíticas apenas comemoram tardiamente a descoberta dessas incertezas da linguagem, pensando que, se superassem o exegetismo descolando a norma do texto, já estariam em um segundo patamar... Ledo engano.

No campo jurídico, o "maior avanço" parece – e apenas parece – ter sido dado por Alexy, que de algum modo pretende conciliar o método analítico da Jurisprudência dos Conceitos com o axiologismo da Jurisprudência dos Valores. Com efeito, procurando racionalizar o uso da moral corretiva (p.ex., através da Jurisprudência dos Valores, que ele buscou "controlar" racionalmente), Alexy contenta-se em dizer, em um primeiro momento, que os casos simples se resolvem por subsunção, o que quer dizer que ele acredita na suficiência ôntica da lei naqueles casos em que haja "clareza" no enunciado legal e na rede conceitual que o compõem. Ou seja, Alexy, em parte, continua apostando no exegetismo, ao menos para a resolução dos casos no âmbito das regras. Para além dessa "suficiência ôntico-exegética", quando estiver em face de um caso difícil, apela para o outro nível da semiótica: a pragmática. Mas a palavra final será do sujeito e sua subjetividade. A ponderação alexiana, feita para resolver o problema de colisão de princípios, dependerá, ao fim e ao cabo, da discricionariedade.[12] Portanto, dependerá do *sub-jectum*, de um *solus ipse*.

[12] "(...) os direitos fundamentais não são um objeto passível de ser dividido de uma forma tão refinada que exclua impasses estruturais – ou seja, impasses reais no sopesamento – , de formas a torná-los praticamente sem importância. Nesse caso, então, de fato existe uma discricionariedade para sopesar, uma discricionariedade estrutural tanto do Legislativo quanto do Judiciário". Cf. ALEXY, Robert. *Teoria dos Direitos Fundamentais*. São Paulo: Malheiros, 2008, p. 61.

Disso exsurge um paradoxo: o que sustenta o arraigamento aos ordenamentos (regras em geral) é, ainda, o positivismo exegético. No fundo, parece que superestimamos as críticas ao positivismo exegético, como se este já estivesse superado. Explico: nas últimas décadas, as críticas à forma primitiva do positivismo abriram duas possibilidades: a permanência do objeto criticado e o escondimento das possibilidades da superação do elemento superador do exegetismo. Quem fica preso ao texto (que se iguala, assim, à norma) só consegue superar o "impasse" apelando ao "novo positivismo", o normativista. Por isso alguns juristas compreenderam mal o sentido do neoconstitucionalismo. Explicando melhor: por não terem compreendido o problema da diferença entre o velho positivismo exegético (sintático) e o positivismo normativista (semântico), pensaram que o neoconstitucionalismo seria a forma de superar o exegetismo. E, para isso, apelaram para a busca de valores que estariam "escondidos" por debaixo dos textos legais. Com isso, não foram além de Kelsen. E esse é o ponto fulcral do problema.

"Descobrir" hoje que o direito não é igual à lei e dar a isso um grau de invenção crítica é subestimar e ignorar o fundamento do positivismo normativista. Por certo Kelsen acharia uma tolice alguém sustentar que texto é igual à norma ou que a lei é a única e plenipotente fonte do direito. A toda evidência, Kelsen riria se lesse o que dele dizem nas salas de aula das Faculdades de Direito no Brasil e nos cursinhos de preparação para concursos públicos e exame da OAB.

Nosso ensino jurídico não consegue se dar conta de que, quando Kelsen diz que lei vigente é válida, está se referindo ao plano da *ciência do direito*, e não ao plano da *aplicação do direito* feita por juízes, promotores, advogados, etc. Sua pureza, vale lembrar, era uma pureza científica, e não uma pureza interpretativa. Isso, portanto, é suficiente para dizer que não supera Kelsen – e, portanto, não supera o positivismo normativista – aquelas posturas teóricas que pretendem superar a equivalência direito-lei a partir de uma desconsideração da lei em favor da vontade do juiz. Quem pensa assim erra o alvo: atira no positivismo primitivo achando que este representa a totalidade das posturas positivistas. Com isso, aceita acriticamente as consequências de um outro modelo positivista de ciência jurídica, é dizer, o próprio positivismo kelseniano, de um lado, e o positivismo de Hart, de outro.

Pensemos: como é possível que hoje se critique Kelsen ou Hart e, ao mesmo tempo, se defendam exatamente as teses desses dois corifeus do positivismo? Por que um adepto da teoria da argumentação jurídica ou de qualquer outro marco teórico atual que defenda a discricionariedade dos juízes seria diferente de Kelsen e Hart?

E veja-se como isso é sintomático. Há vários autores que sustentam posições ditas "progressistas", afirmando que o juiz é o canal por onde os valores sociais invadem o direito. O intrigante é que muitas dessas posições – e o Brasil é pródigo nesse tipo de produção – falam em pós-positivismo e chegam a citar Dworkin como sendo o autor que "elevou os princípios à condição de norma e, com isso, teria libertado os juízes das amarras da estrita legalidade". Ora, é cediço que Dworkin constrói sua tese exatamente para combater as mazelas do positivismo de Herbert Hart (que, por sinal, também pode ser enquadrado como um positivista normativista). O ponto central do combate de Dworkin diz respeito ao poder discricionário que Hart atribui aos juízes para solver aquilo que ele chamava de casos difíceis. Note-se: o autor, tido na unanimidade como um dos corifeus do chamado pós-positivismo, é um antidiscricionário convicto (e, como corolário necessário, antirrelativista).

Portanto, não basta dizer que a lei não contém o direito (isso Antígona já sabia); não basta dizer que o ôntico não esgota os sentidos se isso for feito sob os pressupostos do positivismo normativista (ou dos diversos positivismos de cariz voluntarista). Isso explica as razões pelas quais a defesa da discricionariedade é feita pela maioria dos juristas. Ou seja, recentemente estão ultrapassando o velho positivismo exegético. Para tanto, basta ver o que a maioria dos juristas defensores do neoconstitucionalismo fala sobre a discricionariedade, os princípios (tidos como valores), etc. Essa é a pista para identificar os "novos" positivistas (ou neopositivistas).

2.4. O problema da simbiose entre ensino-doutrina-concursos. Por que o ensino jurídico continua de(sin)formando os alunos?

Há muito tenho também denunciado que o ensino jurídico em terras tupiniquins encontra-se em crise. Em tempos de simplificações, facilitações, sem falar dos (re)sumos dos resumos, a complexidade do fenômeno jurídico (social), aparentemente, é reduzida a um conhecimento estandartizado, *prêt-à-porter*, supostamente adequado à emergência do momento presente.

Nesse contexto, os concursos públicos[13] e o próprio exame da Ordem dos Advogados do Brasil, (retro)alimentam esta realidade, formando um círculo vicioso e não virtuoso. Os concursos repetem o que se diz nos cursinhos, um conjunto de professores produz obras que são indicadas/utilizadas nos cursos preparatórios, que por sua vez servem de guia para elaborar as questões que são feitas por aqueles que são responsáveis pela feitura das provas (terceirizados — indústria que movimenta bilhões e os próprios órgãos da administração pública).

No mesmo trilhar, recentemente foi apresentado um estudo encomendado pela Secretaria de Assuntos Legislativos do Ministério da Justiça, em parceria com o Programa das Nações Unidas para o Desenvolvimento (Pnud) e realizado pela Fundação Getulio Vargas (FGV) e a Universidade Federal Fluminense (UFF).

A pesquisa foi coordenada pelo professor Fernando Fontainha e analisou 698 certames de 20 órgãos federais – realizados entre 2001 e 2010 –, chegando a conclusões que para nós eram autoevidentes, mas que agora recebem a chancela da empiria. Dentre estas, destaca-se: que os concursos precisam ser modificados, pois, do modo como estão, tornaram-se um fim em si mesmo; que conseguem, em regra, apenas selecionar os "concurseiros", isto é, são aprovados aqueles que sabem fazer as provas, e não os que possuem as competências necessárias para o exercício das funções públicas; que os concursos públicos movimentam um mercado milionário, etc.

Tenho observado que parcela significativa dos concursos públicos se transformou em *quiz show*, como se fosse um conjunto de "pegadinhas" para responder coisas que só assumem relevância porque são ditas pelos professores de cursos de preparação para ingresso nas diferentes carreiras do serviço público (mormente na

---

[13] Acerca da crítica ao estado da arte dos concursos públicos no Brasil tenho desenvolvido o tema em uma de série artigos publicados no *site* Consultor Jurídico – Conjur –, dos quais indico a leitura dos seguintes: Tout vatrèsbiendansle monde juridique, disponível em: <http://www.conjur.com.br/2013-mar-28/senso-incomum-apesar-reprovacoes-oab-acham-tudo-bem-direito>; Quando o senhor de engenho vira diretor de (con)cursos, disponível em: <http://www.conjur.com.br/2013-mar-14/senso-incomum-quando-senhor-engenho-vira-diretor-concursos>; Cinquenta tons de concursos: antes do caos, riamos!, disponível em: <http://www.conjur.com.br/2013-mar-07/senso-incomum-cinquenta-tons-concursos-antes-caos-riamos>; Concursos públicos: é só não fazer perguntas imbecis!, disponível em: <http://www.conjur.com.br/2013-fev-28/senso-incomum-concursos-publicos-nao-perguntas-imbecis>.

área jurídica). Não há motivo para surpresa, neste ambiente, existem até mesmo obras como o Manual das Pegadinhas.[14] Interessante que até mesmo as "pegadinhas" adentraram o território manualesco, será que viveremos a ponto deste conteúdo torna-se uma cátedra em nossas faculdades. Nestes termos, não faz sentido algum ganhar/perder tempo com estudos aprofundados em teoria ou filosofia do/no direito, já que a aprovação, em muitos casos, prescinde destes.

Dito de outro modo: não se estuda para conhecer algo; se estuda tão somente para passar, melhor dizendo, para ser aprovado. Assim, se aquilo que é cobrado apresenta-se sumarizado, não há motivos para maiores estudos e reflexões, bastando evitar a queda no campo minado das pegadinhas e o desenvolvimento da memorização (*neo-decoreba*), ainda que, vencido o prazo de validade, o amontoado de informações transforme-se em uma vaga lembrança.

Interessante notar que até mesmo quem está imerso no mundo dos cursos preparatórios já se dá conta desta realidade. No blog exame de ordem encontra-se um texto do professor Geovane Moraes intitulado *A arte de ser um aluno ruim*.[15] O autor define o perfil do estudante de sucesso para os concursos ou para a OAB, qual seja, o ruim. Em suas palavras, sentencia:

> Costumo sempre falar em minhas aulas que o aluno de Direito que possui maior facilidade em passar em provas da OAB é aquele que na época da graduação era fraco, ruim ou péssimo.
>
> (...)
>
> E antes que comecem a me atirar pedras, me permita dizer que se trata de uma constatação sociológica. Faça um exercício mental. Lembre-se dos piores alunos da sua turma. Aqueles que você tinha certeza que sequer iriam terminar o curso. Agora se lembre dos melhores, os queridinhos dos professores. Qual dos dois passou mais rápido na OAB? Qual dos dois passou mais rápido em concurso? Qual dos dois está progredindo mais rápido na profissão?
>
> (...)
>
> O bom aluno sabe demais e por isso ele briga com a prova. OAB não é lugar para você defender o que acha mais certo ou errado, mais lógico ou ilógico, mas sim para responder exatamente o que a banca quer que seja respondido. Fugir disso é pedir para não passar. Caso a FGV queira que seja você indique como a resposta de 2+2 o resultado 05, é isso que você vai ter que responder. (*sic*)

---

[14] Disponível em: <http://www.editoraferreira.com.br/publique/media/manual_pegadinhas.pdf>.

[15] Disponível em: <http://blog.portalexamedeordem.com.br/blog/2013/04/a-arte-de-ser-um-aluno-ruim/>. Acesso em: 10/04/2013

Não obstante o autor declarar que usa o adjetivo ruim de forma caricatural no intuito de dizer que o estudo para a OAB deve ter um direcionamento específico, esta expressão denota, de fato, o resultante desta relação ensino-concursos: estudantes sem reflexão crítica, preocupados em decorar conceitos, códigos, leis, artigos, jurisprudências e dispor-se ao alvedrio da empresa organizadora do certame. Veja-se que está implícita nesta ideia a vulgata da filosofia da consciência, isto é, a realidade nada mais é do que uma projeção da subjetividade assujeitadora dos sentidos.

Por isso, não podemos/não devemos aceitar que as empresas organizadoras possam dizer qualquer coisa sobre qualquer coisa. Ao contrário, o fundamento tem de ser fundamentado. Nesse sentido, estendo a crítica que faço à discricionariedade judicial também àqueles que elaboram as provas dos concursos públicos, seja devido à irrelevância prática das questões formuladas ou em decorrência das respostas teoricamente (in)questionáveis, que são corretas apenas porque dizem que são.

O que deve ser dito, também, é que a lógica perversa dos concursos públicos invade, sem pedir licença, as salas de aula das universidades, impondo um novo modelo de professor e outra abordagem conteudística. O professor vem se tornando um astro pop, com a tarefa de entreter os alunos. Acima de tudo, o professor, como os pastores (neo)pentecostais, deve se esfalfelar para prender a atenção da plateia e expor o assunto nos rasos limites delineados pelos concursos. Infelizmente, se a maioria das pessoas que hoje procuram uma faculdade de direito têm por objetivo a aprovação em um concurso, o ensino então é adaptado as necessidades dos consumidores e do mercado.

Provavelmente, como uma tentativa de minorar a crise do ensino jurídico o Conselho Nacional de Justiça – CNJ – na Resolução 75/2009, mais precisamente no artigo 47, complementado pelo Anexo VI, instituiu a inclusão de "Noções Gerais de Direito e formação Humanística" para os concursos da Magistratura.[16] Nestas "noções", diga-se, sinônimo de conhecimentos superficiais, elementares, encontram-se, dentre outras, a Filosofia do Direito e a Teoria Geral do Direito e da Política. *Ab initio*, observa-se que não é pequeno o repertório bibliográfico que já apresenta estes conteúdos devidamente traduzidos para o mundo paralelo das noções estan-

[16] A Ordem dos Advogados do Brasil também seguiu esta tendência, instuindo a partir do X Exame Nacional Unificado a disciplina de Filosofia do Direito.

dartizadas dos certames públicos.[17] A Filosofia e a Teoria Geral do Direito e da Política agora estão disponíveis em formato descartável nas feiras e bancas especializadas em "tudo".

Da mesma forma, encontram-se livros sobre a "formação humanística" para concursos.[18] O que é impressionante ainda é que se quer "ensinar" humanismo. Vários livros querem ensinar "como ser humanista". Ora, isso não se aprende em manuais. Ou está no âmago do ensino jurídico, nos livros e nas práticas cotidianas, ou não está. Tentar ensinar "humanismo" para "uso em concursos públicos" é institucionalizar a matéria, em nada contribuindo para a construção de um ensino jurídico, de fato, humanista.

E como anda a doutrina jurídica? Há anos tenho declarado que a doutrina não mais doutrina; ao revés, tem sido caudatária da jurisprudência, e, hodiernamente, também dos concursos públicos. Desta forma, a "dogmática" jurídica, longe de exercer o seu devido constrangimento epistemológico, tem servido, salvo exceções, para sedimentar incoerências e equívocos. É incalculável o número de obras que trazem o chamativo título de "Para Concursos".

Observa-se, desse modo, que a simbiose ensino-doutrina-concursos tem sido um entrave para o desenvolvimento de um ensino jurídico emancipatório e ruptural, a partir da proliferação de concepções jusfilosóficas anacrônicas e antidemocráticas. Assim, por consequência, o positivismo continua sendo a regra, seja no viés primitivo, seja nas vertentes voluntaristas. O que o ensino jurídico

---

17 Indico a leitura do artigo "O Triste Fim das ciências Jurídicas em *Terrae Brasilis*" constante do meu livro *Compreender Direito*. Neste faço a anamnese de uma obra para concursos que abrange o conteúdo inserido pela resolução 75 do CNJ. Por evidente, desvelando uma série de equívocos teóricos ali apresentados. Cf. STRECK, Lenio Luiz. *Compreender Direito*: desvelando as obviedades do discurso jurídico. São Paulo: Revista dos Tribunais, 2013.

18 Além de não contribuírem para a construção de um ensino jurídico humanista, obras desta categoria servem, na maioria dos casos, como reforço para a manutenção de vários problemas teóricos. Exemplificando, cito a obra *Noções Gerais de Direito e Formação Humanística*, ao tratar acerca do sistema jurídico e de sua aplicação lecionam que: "o intérprete e o aplicador se valem das fontes formais do Direito no processo lógico-silogístico, ou seja, na operação denominada juízo de concreção ou de subsunção em que a situação concreta (premissa menor) é deduzida na premissa maior (fonte formal) extraindo-se uma conclusão, ou seja, solução jurídica para o caso concreto. Portanto, na premissa maior, ou seja, na fonte formal enuncia-se o dever-ser e na premissa menor verifica-se o enunciado do caso concreto, examinado pelos meios de prova, concluindo-se de forma justa. Porém, para que o aplicador (juiz) possa encontrar com maior facilidade a premissa maior, é imperioso que o direito estabeleça mecanismos que facilitem a localização do instituto, ou seja, a localização da fonte formal" (p. 38). Neste trecho, observa-se, que a concreção do sistema jurídico ocorre por intermédio de raciocínios silogísticos, como se positivismo exegético respondesse, satisfatoriamente, para os dias de hoje um tema de tamanha complexidade. Cf. ASSIS, Ana Elisa S. Queiroz; SERAFIM, Antonio de Pádua; ASSIS, Olney Queiroz; KÜMPEL, Vitor F. *Noções Gerais de Direito e Formação Humanística*. São Paulo: Saraiva, 2012.

não se dá conta é que a complexidade do direito transcende as leituras simplificadas e simplificadoras do Direito.

2.5. (...) e o juspositivismo continua vivo por aí

Da análise dos conteúdos dispostos no Anexo VI da Resolução 75 do CNJ, objetivando desvelar o não dito, o *standard* de racionalidade que se esconde nas entrelinhas dessa nova regulação dos concursos, percebe-se a perpetuação de algumas incompreensões teoréticas acerca do positivismo jurídico, das quais decorre também a sua manutenção.

Dentre os temas escolhidos de Filosofia do Direito, especificamente, no item 3 da Resolução do CNJ, encontramos: "A interpretação do Direito. A superação dos métodos de interpretação mediante puro raciocínio lógico-dedutivo. O método de interpretação pela lógica do razoável". A princípio, a escolha destes conteúdos aponta para uma pretensa ruptura com o positivismo, já que o futuro magistrado deverá, ao interpretar, transcender o mundo analítico da "literalidade" normativa que aprisionaria os sentidos. Entretanto, ao contrário, uma vez mais digo: o positivismo não é apenas sua versão exegética, tendo sofrido mutações muito mais sofisticadas, sendo que hoje a discussão deveria centrar-se no positivismo normativista que já se afastou dos raciocínios lógicos dedutivos para concreção do direito. Explico. Como dito alhures, Kelsen, ao discorrer sobre a interpretação do direito, entende ser esta um ato de vontade que não está sujeito a raciocínios analíticos como as proposições da ciência do direito, que são atos de conhecimento. Nesta medida, a respeito da hermenêutica, o positivismo normativista se apresenta como uma proposta de superação ao exegetismo e aos raciocínios dela decorrentes.

Demonstrando esta incompreensão acerca do juspositivismo e da construção teórica de Kelsen, no *site* de um dos maiores cursos preparatórios para concursos e para o exame da OAB do país, lecionando acerca dos 7 temas importantes de Filosofia do Direito, lê-se que:

> De acordo com os professores Álvaro de Azevedo e Alessandro Sanchez, é importante que o candidato estude bem esse tema. "O positivismo jurídico tem como ápice a doutrina de Hans Kelsen que visa demonstrar uma fórmula de aplicação do direito

que pura e simplesmente declare a vontade do legislador sem criar nada novo, reduzindo o seu conteúdo às leis escritas", define Sanchez.[19]

Faltou, portanto, compreender que: *a)* Kelsen superou o positivismo exegético a partir do fato de que o conceito preponderante não é mais a lei, mas sim, a norma, que não está contida apenas na lei, mas também nas decisões (portanto, o problema em Kelsen é um problema de decidibilidade); *b)* Kelsen, uma vez que foi mal-entendido, não foi superado pelos teóricos do direito justamente por não terem conseguido compreender o alcance nem da primeira fase da viragem linguística (neopositivismo lógico) e nem de seu sequenciamento/aprimoramento (o giro *ontológico-linguístico*).

Aparentemente, o contraponto aos raciocínios lógicos dedutivos seria o método de interpretação da lógica do razoável. Este foi defendido pelo jusfilósofo Luis Recaséns Siches como alternativa a lógica tradicional, pura e formalista. Entretanto, Siches caminha no mesmo sentido de Hans Kelsen ao sustentar e estimular os raciocínios analíticos limitados à esfera da ciência do direito, sendo apenas inadequados na interpretação/aplicação. Em suas palavras:

> Estudiar formas *a priori*, esto es, esencias formales necesarias y universales, valiéndo-se de métodos de lógica y ontología formales, parece sin duda adecuado y correcto. En cambio, resulta superlativamente discutible, es más, com seguridad gravemente incorrecto, aplicar los mesmo métodos al tratamiento de los contenidos jurídicos[20] (...).

Veja-se, por exemplo, até onde isso pode nos levar. No XXIII Concurso Público de Provas e Títulos para a Magistratura do Trabalho da 9ª Região, em uma das provas dissertativas apresentam-se dois problemas, um referente à desaposentação e outro acerca da outorga uxória, ambos com o seguinte enunciado: *Responda de modo conciso e adequado as seguintes indagações utilizando o método da lógica do razoável de Recaséns Siches de um lado; e do positivismo de Kelsen de outro.* Como assim "método da lógica do razoável"? O que seria isso? Como assim, "o positivismo de Kelsen"? Seria uma contraposição entre o axiologismo de Siches (também um positivista) e o pretenso exegetismo de Kelsen? Como tudo está a indicar, o formulador da questão incorreu em erro. E aqui atenção: em qual curso de preparação há(veria) espaço para discutir Kelsen e Siches na profundidade exigida? Se um professor mandar um aluno de curso de

---

[19] Cf. Disponível em: <http://www.praetorium.com.br/noticia/2013/04/Filosofia+do+direito%3A+confira+7+temas+de+estudo+para+o+Exame+da+OAB>. Acesso em: 16/04/2013

[20] Cf. SICHES, Luis Recaséns. *Introducion al estudio del Derecho*. 4. ed. Editoral Porruá: México, 1977, p. 233.

preparação ler a *Teoria Pura do Direito* ou a *Introdución al estudio del Derecho*, teria, por certo, sérios problemas.

A lógica do razoável seria utilizada na *interpretatio* do direito, e não para seu estudo científico. Isto evidencia a cisão moderna entre Razão Teórica e Razão Prática, presente no positivismo normativista e na construção de Siches. Contudo, diferentemente de Kelsen, o jusfilósofo guatemalteca procura apresentar uma nova *ratio* como justificativa e metodologia para a discricionariedade. Deste modo, a decisão, que continua sendo um ato de vontade (como em Kelsen, só que sem a cisão "ciência do direito e direito"), pauta-se, agora, na lógica do razoável, que:

> Es una razón impregnada de puntos de vista estimativos, de critérios de valoración, de pautas axiológicas, que, además, lleva a sus espaldas como aleccionamiento las enseñanzas recibidas de la experiencia, de la experiencia propria y de la experiencia del prójimo através de la historia.[21]

Kelsen, sendo um pessimista moral e um relativista, e ciente do problema da polissemia dos signos linguísticos, relega o *jus dicere* ao arbítrio.[22] Já Recaséns Siches, que criticava o relativismo, direciona esta escolha por argumentos razoáveis, fundamentados em valores que entendia possuir validade objetiva,[23] neste prisma labora mediante um positivismo axiológico. Trata-se, paradoxalmente, de uma tese que busca superar o objetivismo (formalismo) do positivismo exegético mediante um mergulho na ontologia clássica, igualmente objetivista. Ou seja, Siches acredita que o homem não cria valores; ele os descobre nas brumas de uma ontologia, trazendo a lume uma "objetividade imanente à existência humana".

---

[21] Cf. SICHES, op. cit., p.232.

[22] Friedrich Müller, em seu livro *O Novo Paradigma do Direito*, traz, ao final, três artigos anexos. Dentre estes, um texto intitulado De Hans Kelsen a Friedrich Müller – Método Jurídico sob o paradigma pós-positivista, de autoria de Olivier Jouanjan, que caminha no sentido ora susten tado, aproximando Kelsen, no que tange a aplicação, do realismo jurídico. O autor assevera que a teoria pura do direito pode transformar-se em um realismo jurídico radical, fazendo alusão a obra de Michel Troper. Cf. MÜLLER, Friedrich. *O Novo Paradigma do Direito*: Introdução à Teoria Metódica Estruturantes. 3. ed. São Paulo: Revista dos Tribunais, 2012, p. 213 e segs.

[23] "Aunque rechacemos el subjetivismo psicologista, el relativismo, sin embargo la objetividad de los valores no debemos pensarla en unos términos abstractos, utópicos y ucrónicos, esto es, fuera de todo lugar y de todo tiempo. Que los valores no son puras actitutes subjetivas significa que no constituyen simplesmente proyeciones de mecanismos mentales. Por eso, rechazando cualquir doctrina psicologista, subjetivista o relativista, entiendo que se puede y se pude y se debe afirmar que los valores son objetivos. Pero su objetividad es *immanente a la existencia humana*. Los valores son significaciones objetivas, pero esas significaciones tienen sentido *dentro del ámbito de la vida humana*. El hombre no crea valores. Por el contrário, el hombre tiene que reconocerlos como tales. Pero el sentido de los valores está *essencialmente referido a la existencia humana*" (SICHES, p. 289).

Portanto, aquilo que é apontado como superador dos raciocínios lógico-dedutivos, encontra-se enraizado no paradigma juspositivista, seja com a cisão entre Direito e Ciência do Direito, com as respectivas racionalidades "ínsitas" a cada uma delas ou na continuidade da decisão enquanto ato de vontade, mesmo que, agora, pautado em valores objetivamente presumíveis.[24] Em suma: Siches revela uma tentativa jusnaturalista de transpor o exegetismo, entretanto, continua enraizado no positivismo, deslocando o "mito do dado" das regras para os valores, mantendo a relação sujeito-objeto. Em poucas palavras: tanto é positivista quem acredita que o sentido está nas coisas (metafísica clássica aristotélico-tomista) ou no sujeito (filosofia da consciência). Veja-se, assim, quão longe está o "programa" do CNJ da complexidade da teoria do direito; e quão longe está a doutrina daquilo que se deve entender por teoria do direito *stricto sensu*.

Na parte referente à Teoria Geral do Direito e da Política, tem-se no item 2: *Fontes do Direito Objetivo. Princípios Gerais do Direito. Jurisprudência. Súmula Vinculante*. O questionamento que exsurge é se nesta quadra da história ainda é possível falar em princípios gerais do direito? Estes surgiram dentro de um contexto jusnaturalista racionalista no qual o direito poderia ser conhecido e construído de maneira completa e sistemática pela razão. Eram entendidos como axiomas de justiça necessários a partir dos quais se realizava a dedução, eram conhecidos por intermédio de um raciocínio axiomático e indutivo do próprio sistema legal vigente. "Dito de outro modo: é da própria lei que se tira o conteúdo que será articulado o argumento dos princípios".[25]

Ocorre que os princípios gerais do direito, mesmo provenientes de uma tradição do direito natural, foram adaptados ao positivismo jurídico, seja como axiologia imanente dos textos legais, ou ideias de justiça que permitiriam ao intérprete maior liberdade para dizer o direito. Atualmente, os estudos deveriam ser norteados na

[24] No que tange aos fundamentos da construção teórica de Siches o jusfilósofo revelou que: "En los últimos 30 años se há desenvuelto um renacimiento muy vigoroso e muy extendido de las concepciones de Derecho Natural. Lo hallamos em el campo de las convicciones individuales e colectivas, como también em el plano de nuevas meditaciones filosóficas, em el cual se han producido depuradas doctrinas iusnaturalistas de raís existencial y también de remozada inspiración neo-aristotélico-tomista, así como outra contribuiciones particulares de eminentes pensadores, dificílmente classificables em escuelas determinadas" (SICHES, 1977, p. 278).

[25] OLIVEIRA, Rafael Tomaz de. *Decisão judicial e o conceito de princípio*: a hermenêutica e a (in)determinação do direito. Porto Alegre: Livraria do Advogado, 2008, p. 52.

compreensão acerca dos princípios constitucionais[26] que rompendo com o positivismo institucionalizam o mundo prático no direito e mantém sua coerência e integridade. A continuidade do enfoque principiológico nos princípios gerais do direito é desconsiderar uma abordagem paradigmática ruptural. Como resultado os princípios jurídicos permanecem sendo conceituados como "positivação de valores" ou como uma "sofisticação" dos velhos princípios gerais do direito que agora migraram para os textos constitucionais. Conforme tenho escrito em diversos textos e principalmente em minha obra *Verdade e Consenso*, sobretudo no posfácio, os princípios constitucionais devem ser compreendidos sob a "tese da descontinuidade". Isto é, os princípios constitucionais não podem ser concebidos como uma atualização dos princípios gerais de direito já existentes ao tempo das metodologias jurídicas que influenciaram o pensamento jurídico no período que sucedeu a codificação. Em linhas gerais, esta seria a "tese da continuidade". Ao revés, dentro de uma postura paradigmática ruptural, os princípios devem ser entendidos enquanto normas (caráter deontológico) que instituem o *mundo prático* no direito e que mantém a sua coerência e integridade. Somente assim será possível romper com a cisão semântico-estrutural entre regra e princípios,[27] característica das teorias argumentativas e dos neoconstitucionalismos.

A resolução 75 do CNJ encontra-se em consonância teórica com o positivismo jurídico, mostrando-se, parcialmente, inadequada com os avanços da teoria do direito na contemporaneidade. Assim, onde poderia estar o avanço, reside também o retrocesso. Mesmo sendo coerente a inclusão das disciplinas propedêuticas nos concursos e no exame da OAB, estas não deveriam ser instrumentalizadas, isto é, sem mudar a lógica destas provas, não passarão de mais conteúdos para serem memorizados.

---

26 Nesta perspectiva Castanheira Neves afirma que os princípios constitucionais se distinguem "decisivamente dos 'princípios gerais de direito' que o positivismo normativista-sistemático via como axiomas jurídico-racionais do seu sistema jurídico, pois são agora princípios normativamente materiais fundamentantes da própria juridicidade, expressões normativas de 'o direito' em que o sistema jurídico cobra o seu sentido e não apenas a sua racionalidade". Cf. CASTANHEIRA NEVES, Antonio. *A crise actual da filosofia do direito no contexto da crise global da filosofia*. Tópicos para a possibilidade de uma reflexiva reabilitação. Coimbra: Coimbra Editora, 2003, p. 108.

27 Seria interessante indagar àqueles que dizem que princípios são valores e/ou que princípios gerais do direito convivem com os princípios constitucionais, o que acontece quando há um conflito entre um princípio geral e um princípio constitucional? Como sustentar, por exemplo, uma nulidade relativa com base no axioma do século XIX intitulado "não há nulidade sem prejuízo"?

Da presente anamnese, percebe-se que a "resposta certa" infelizmente continua sendo o(s) positivismo(s) jurídico(s) independentemente da assertiva em que este(s) se encontre(m). Do jeito que está, mesmo que o aluno/candidato tenha estudado profundamente, atenção: para ser aprovado, o errado poderá ser o certo no gabarito. Repete-se, metaforicamente, o diálogo em *Alice Através do Espelho*. Humpty Dumpty diz para Alice: é a glória para você. Poderás receber, em vez de um, 364 presentes. Ela responde: não sei o que quer dizer com glória, ao que ele, desdenhosamente, diz: "Claro que não sabe... até que eu lhe diga. Quero dizer 'é um belo e demolidor argumento para você'", acrescenta Humpty Dumpty. Mas, diz Alice, "glória não significa 'um belo e demolidor argumento'". E Humpty Dumpty aduz: "Quando eu uso uma palavra, ela significa exatamente o que quero que ela signifique: nem mais, nem menos". Observe-se bem essa frase final do personagem nominalista de Lewis Carroll: a palavra "glória" significa o que ele, Humpty Dumpty, quer que ela signifique. É o fim "demolidor" de uma discussão.

2.6. A "estandardização do direito" ou "o que estamos ensinando aos nossos alunos"?

A simbiose ensino-doutrina-concursos tem formado um círculo vicioso, no qual o ensino e a doutrina transformaram-se como ferramentas para a aprovação, reduzindo, assim, consideravelmente, seu espectro de abordagem e profundidade conteudística. Nesta relação há um recrudescimento de concepções equivocadas acerca dos juspostivismo, como resultado, concepções teóricas que intentam romper com o velho, ao contrário o mantém, sobretudo, partindo dos mesmos *standards* de racionalidade.

Os concursos públicos e o exame da OAB precisam ser repensados, porque se tornaram bastantes em si, selecionando candidatos *ad hoc*, alijados de reflexão crítica. Esta realidade, inevitavelmente, terá reflexos na prática jurisdicional e em todo serviço público, resvalando, em última análise, na consolidação democrática brasileira.

Sem modificar o nosso modo de compreender o mundo, sem superar o esquema sujeito-objeto, sem superar a cultura manualesca que assola e domina o imaginário dos juristas, sem superar a discricionariedade positivista e a falsa impressão de que são críticas as determinadas posturas subjetivistas-axiologistas que desconsideram o texto (inclusive da Constituição), parece temerário falar no resgate do papel transformador do direito, entendido como aquele que exsurge do papel dirigente e compromissório da Constituição.

Afinal, passados tantos anos e em pleno paradigma do Estado Democrático de Direito, do giro linguístico e do Constitucionalismo Contemporâneo,

a) ainda não se construiu um modelo de ensino que "supere" a leitura de leis e códigos comentados (na maioria das vezes, reproduzindo conceitos lexicográficos e sem nenhuma sofisticação teórica);

b) a doutrina, a cada dia, doutrina menos, estando dominada por produções que buscam, nos repositórios jurisprudenciais, ementas que descrevem, de forma muito breve, o conceito do texto enquanto "enunciado linguístico": uma simples decisão de tribunal vira referência – plenipotenciária – para a atribuição de sentido do texto, perdendo-se a especificidade da situação concreta que a gerou;

c) até mesmo em determinados setores da pós-graduação *stricto sensu* (mestrado e doutorado) continua-se a fazer descrições de leis e casos (há dissertações e teses tratando de temáticas monográficas, mais apropriadas para cursos de especialização, para dizer o menos) – a maior parte desvinculada das linhas de pesquisa dos cursos, como, *v. g.*, limitação de fim de semana na lei de execução penal, cheque pré-datado, saídas temporárias na lei de execução penal, inquérito policial, recurso de ofício, perda de bagagem em transporte aéreo, sistema postal, análise jurídica do lixo, o papel do oficial de justiça, o papel do árbitro, suspensão condicional da pena em ação penal privada, embargos infringentes, embargos declaratórios, união homossexual (em um Programa de Pós-Graduação que trata de meio ambiente), embargos de execução, agravo de instrumento, exceção de pré-executividade, infanticídio, além de uma tese que, em pleno Estado Democrático de Direito, arrasa com o poder constituinte e uma outra que propõe a "inversão do ônus da prova penal" em crimes do colarinho branco, etc.;

d) por outro lado, nem sequer conseguimos elaborar um novo modelo de provas de concursos públicos, continuando com a tradicional múltipla escolha – espaço (indispensável) para personagens fictícios como Caio, Tício e Mévio – e com questões dissertativas sobre casos jurídicos (no mais das vezes, sem qualquer sentido "prático") ou sobre conceitualizações jurídicas.

Disso tudo é possível extrair a seguinte assertiva: ou se acaba com a estandardização do direito e suas simplificações a-metódicas, decorrentes em grande parte do "efeito concurso" no ensino e na doutrina, ou elas acabarão com o que ainda resta da ciência jurídica.[28]

[28] É evidente que estou me referindo à cotidianidade das práticas jurídicas, representado pelo universo das centenas de faculdades de direito, os inúmeros cursos de preparação para concursos e a operacionalidade do direito *massificada e sufocada pelo excesso de processos e pela desfuncionalidade do sistema processual.* Despiciendo registrar a importância da crescente produção teórica (também em qualidade) ocorrida nos últimos anos, mormente no campo do direito constitucional, fruto principalmente da expansão da pós-graduação *stricto sensu* (há, hoje, 76 programas de mestrado e 27 programas de doutorado em funcionamento). Essa benéfica influência já se faz notar nas decisões judiciais, proporcionando relevantes avanços doutrinários e jurisprudenciais. Entretanto, há muito ainda a fazer.

3. As razões pelas quais Dworkin não admite discricionarismos na decisão judicial e porque em Alexy ocorre a "consagração da discricionariedade dos operadores jurídicos"

3.1. Hermenêutica e democracia: discricionariedades interpretativas, suas decorrências e consequências. De como o problema é paradigmático

O Estado Democrático de Direito proporcionou uma nova configuração nas esferas de tensão dos Poderes do Estado, decorrente do novo papel assumido pelo Estado e pelo constitucionalismo, circunstância que reforça, sobremodo, o caráter hermenêutico do direito. Afinal, há um conjunto de elementos que identificam essa fase da história do direito e do Estado: textos constitucionais principiológicos, a previsão/determinação de efetivas transformações da sociedade (caráter compromissório e diretivo das Constituições) e as crescentes demandas sociais que buscam no Poder Judiciário a concretização de direitos tendo como base os diversos mecanismos de acesso à justiça.

Ocorre que isso não pode comprometer os alicerces da democracia representativa. O grande dilema contemporâneo será, assim, o de construir as condições para evitar que a justiça constitucional (ou o poder dos juízes) se sobreponha ao próprio direito. Parece evidente lembrar que o direito não é – e não pode ser – aquilo que os tribunais dizem que é (falácia do realismo).[29] E também parece

[29] A referência aqui é ao Realismo Jurídico. Este foi um movimento surgido nos Estados Unidos na primeira metade do séc. XX, num período de crise do estado liberal e de suas instituições representativas. Em linhas gerais, seu discurso apresentava uma crítica radical ao positivismo legalista e ao positivismo conceitual/analítico. Os realistas denunciavam a ideia de um sentido objetivo das normas jurídicas, que seruam asbtraídas dentro do sistema como um mito idealista. Segundo Oliver W. Holmes (1841 – 1935), juiz da Suprema Corte Americana na época, o direito nada mais seria do que a previsão do que farão os tribunais. Entretanto, esta previsibilidade/tendência não parte de uma ordem ideal prévia, mais sim, daquilo que os juízes, concretamente, nas decisões dizem sobre o que venha a ser o direito.

evidente que o constitucionalismo não é incompatível com a democracia. Mas, se alguém deve dizer por último o sentido do direito no plano de sua aplicação cotidiana, e se isso assume contornos cada vez mais significativos em face do conteúdo principiológico e transformador da sociedade trazidos pelas Constituições, torna-se necessário atribuir um novo papel à teoria jurídica.

O Brasil convivia com duas claras manifestações da necessidade de estabelecer limites ao poder decisório do juiz: a doutrina e as legislações processuais civil e penal, que mantinham, como paradigma para compreender a atividade jurisdicional, a defesa do livre convencimento. Felizmente, o ano de 2015 foi pródigo ao processo civil brasileiro, pois, depois da reunião de muitos esforços, o CPC foi remodelado,[30] o que incluiu a retirada do livre convencimento de seu texto.

O NCPC, ao retirar o poder de livre convencimento ou livre apreciação,[31] assume um nítido sentido "não protagonista", afastando o velho instrumentalismo e os fantasmas do antigo "socialismo processual" (Büllow, Menger, Klein). Não se pode mais invocar, igualmente, o princípio (*sic*) da presunção racional. O novo Código não compactua com presunções, mesmo que venham com epítetos como "racional", etc. Trata-se de uma opção paradigmática feita pelo legislador. A decisão judicial exige exercício prático, senso de dever, capacidade de se adotar uma atitude reflexiva em relação às próprias pré-compreensões, garantia de coparticipação dos destinatários da decisão no processo deliberativo, aprendizado institucional e debate público. Isto não quer dizer que o juiz se transforme em um exegeta do século XIX ou que esteja proibido de interpretar.

O CPC/2015 apenas passou a exigir dos juízes responsabilidade política e suspensão de seus prejuízos sobre o mundo e os fatos a interpretar-julgar. Todos temos pré-compreensões. Mas isso não significa que somos reféns delas. E, como fica claro em *Verdade e*

"Para esta corrente, o direito se extrai das sentenças. Graças a essa análise pode-se razoavelmente (não mais, assim, racionalmente!) estabelecer como se comportarão os juízes no futuro. "What I mean by the law" afirma Holmes, são 'the prophecies of what the courts will do in fact'" (LOSANO, Mario G. *Sistema e Estrutura no Direito*. Vol. II. São Paulo: Martins Fontes, 2010, p. 144). O trâmite do projeto iniciou em 2014 e foi findado em março de 2015 com a sanção da Lei nº 13.105/2015 que institui o Novo Código de Processo Civil (CPC/2015)

[30] O trâmite do projeto iniciou em 2013 e findado em março de 2015 com a sanção da Lei nº 13.105/15 que institui o Novo Código de Processo Civil (CPC/2015).

[31] O CPC de 1973 estabelecia, no artigo 131 que "O juiz apreciará *livremente* a prova constante dos autos, independentemente do sujeito que a tiver promovido, e indicará na decisão as razões da formação de seu convencimento. O CPC/2015 apenas retirou a expressão "livremente", que também foi afastada de outros dispositivos, deixando clara a opção legislativa.

Consenso, pré-compreensão (*Vorverständnis*) não é igual a preconceitos no sentido vulgar. O que o legislador do novo CPC quer é que as decisões judiciais sejam ditadas segundo o direito e não conforme o pensar individual dos julgadores.

Em síntese, expungir a livre apreciação e/ou o livre convencimento é sepultar o que restou do socialismo processual do final do século XIX – início do século XX. É o ônus da democracia e do devido processo legal que o autor perca essa demanda. O juiz não deve se substituir à parte. Na época de Klein e Menger (ou de Büllow), poderia ser sustentável que assim se fizesse. Mas em uma democracia e com uma Constituição compromissória como a brasileira, não é possível pensar a figura do juiz como "acima das partes" ou o "guardião-da-parte-que-falhou".

Desse modo, em tempos de enfrentamento entre Constitucionalismo e positivismo (e os vários positivismos), é de fundamental importância discutir o problema metodológico representado pela tríplice questão que movimenta a teoria jurídica contemporânea em tempos de pós-positivismo: como se *interpreta*, como se *aplica* e se é possível alcançar condições interpretativas capazes de garantir uma *resposta correta* (constitucionalmente adequada), diante da (inexorabilidade da) indeterminabilidade do direito e da crise de efetividade da Constituição, problemática que assume relevância ímpar em países periféricos (que prefiro chamar de "países de modernidade tardia", em que se destaca o Brasil) em face da profunda crise de paradigmas que atravessa o direito, a partir de uma dogmática jurídica refém de um positivismo, de um lado, exegético-normativista, e, de outro, fortemente decisionista e arbitrário, produto de uma mixagem de vários modelos jusfilosóficos, como as teorias voluntaristas, intencionalistas, axiológicas e semânticas, para citar apenas algumas, as quais guardam um traço comum: o arraigamento, consciente ou inconsciente, ao esquema sujeito-objeto.

As diversas teorias críticas (teoria do discurso habermasiana, as diversas teorias da argumentação, a hermenêutica, etc.) todas inseridas no paradigma do Estado Democrático de Direito, têm tido um objetivo comum: a superação do positivismo jurídico e das posturas doutrinárias que o sustentam. Entretanto, se existem pontos convergentes – como a necessidade de suplantar as velhas teorias das fontes e da norma – o mesmo não se pode dizer acerca do que representa o processo de compreensão (interpretação) dessas rupturas paradigmáticas.

Nesta algaravia teórica – que repercute em nossa práxis jurídica – Ronald Dworkin é colocado, ao lado de Robert Alexy, como um dos nomes de maior expressão nesse novo *modus* de pensar e fazer o direito. Entretanto, como veremos, esta aproximação é minimamente questionável, sobretudo, pelo prisma do problema da discricionariedade. Dworkin em debate com Herbert Hart foi de encontro à tese por este sustentada acerca do poder discricionário aos juízes para solver os casos difíceis. Deste modo, e diante de sua vasta obra, percebe-se que jusfilósofo norte-americano se propôs a construir uma teoria jurídica antidiscricionária. Em sentido diverso, Alexy parece reconhecer que a discricionariedade é inexorável. Deste modo, desenvolve um procedimento que, em tese, traria maior controle e certeza às decisões judiciais. Todavia, durante as etapas da ponderação é perceptível não somente a ocorrência do juízo discricional, mas também a sua necessidade.[32]

Tais questões e insuficiências estão presentes nas diversas teorias procedurais-argumentativas. O que tais teorias não levam em conta é a relevante circunstância de que, antes de qualquer explicação causal que resolveria *easy cases*, existe algo mais originário, que é a pré-compreensão, forjada no mundo prático. Em outras palavras, antes de argumentar, o intérprete já compreendeu. O uso da linguagem não é arbitrário, isto é, "a linguagem não depende de quem a usa" (Gadamer). A compreensão antecede qualquer argumentação. Ela é condição de possibilidade.

3.2. A necessária crítica à discricionariedade

Veja-se a complexidade e os desdobramentos da problemática relacionada à crítica à discricionariedade na interpretação (cuja questão central reside na decisão judicial dos assim denominados "casos difíceis"). Em uma apressada leitura do fenômeno, poder-se-ia entender que, cortadas as "amarras do supremo momento da subjetividade", isto poderia representar uma espécie de abertura do processo de compreensão, mormente em um direito repleto de princípios e cláusulas abertas.

De registrar, entretanto, que a herança kelseniana do decisionismo não foi superada até hoje, e a discricionariedade hartiana tem sido, de algum modo, reapropriada pelas teorias argumentativas,

---

[32] Essas especificidades das obras dos dois autores estão delineadas mais amiúde em *Verdade e Consenso*, op. cit.

só que sob o manto de uma racionalidade argumentativa com a pretensão de dar solução ao problema de uma pós-metódica. Com efeito, a teoria da argumentação alexiana – tese que, reconheça-se, mais tem sido utilizada em dissertações, teses e decisões judiciais na tentativa de solucionar os dilemas destes tempos pós-positivistas em *terrae brasilis* – não conseguiu fugir do velho problema engendrado pelo subjetivismo: a discricionariedade. Além disso, não se percebe nas decisões judiciais uma coerência na sua utilização. Na verdade, não há uma decisão judicial que tenha aplicado a esquematização constante na tese alexiana.

Parece não restar dúvidas de que Alexy, nos casos difíceis, aposta em soluções que perpassam o âmbito jurídico, circunstância que até mesmo deixa para trás a conhecida aposta de Herbert Hart na discricionariedade. De todo modo, seja o nome que se dê ao modo de como, no plano da teoria da argumentação, devem ser solvidos os *hard cases*, o proceder discricionário do juiz é também admitido por outros não menos importantes adeptos da teoria, como *Prieto Sanchis*[33] *e Manuel Atienza* – a partir de diversos aspectos explícitos e implícitos.

Especificamente em Alexy, o problema aparece na *questão do fundamento*, isto é, a discricionariedade fica clara no momento em que o *sub-jectum* é afirmado por Alexy como o indepassável – e não o mundo-da-vida ou o ser-no-mundo como acontece na tradição fenomenológica. Isso também fica patente na problemática da ponderação, tão cara à Teoria da Argumentação Jurídica: quem escolhe os princípios que estarão em situação de colisão? Quem decide sobre a tensão existente na otimização principiológica que prescreve a máxima: "todo princípio deve ser cumprido em suas máximas possibilidades, de acordo com as circunstancias fáticas e jurídicas emergentes da aplicação"?

[33] Nesse sentido, Luís Prieto Sanchís em sua obra *Ley, Princípios, Derechos* afirma que: "Sin embargo, los problema se incrementan cuando han de aplicar-se normas constucionales de carácter sustantivo, que precisamente suellen llamar-se principios para dar cuenta de algunas de las peculariedades que han sido expuestas. Así, en primeiro lugar, se ha visto que, en ocasiones, la norma constitucional no contempla nínguno supuesto de hecho para su aplicación, lo que significa que en la prática es el juiz quien decide, mediante un ejercício de razonabilidade no extenta de discricionariedad, cunda procede dicha aplicación". (p. 62) Ainda desenvolvendo o tema assevera que: "Desde luego, ponderación no equivale e ninguna arbitrariedad desbocada, pero no cabe duda que en su ejercicio el juiz es mucho más protagonista y, por tanto, más «libre» que en la aplicación de reglas según el modelo tradicional. Y, lo que es más importante, la ponderación non solo aparece cuando estamos en presencia de un conflicto explícito entre princípios o derechos, sino que puede recurrirse a ella simpre que el resultado de la aplicación delas reglas le parezca al intérprete instifactorio o injusto". Cf. PRIETO, Sanchís. *Ley, Princípios, Derechos.* Madri: Dykinson, 1998, p. 62 e 63, respectivamente.

A resposta a estas duas questões é clara para *Alexy*: o juiz, o *sub-jectum* da interpretação jurídica. E, também na questão do método, igualmente está presente o sujeito, responsável pela correção do "uso seguro do argumento" (veja-se, nesse sentido, a sucessão de fórmulas apresentadas/sugeridas pelo jurista alemão). Como consequência das duas questões anteriores, a teoria da argumentação jurídica tenta "racionalizar" o processo de aplicação do direito a partir da ponderação dos princípios, o que acaba por alargar ainda mais o coeficiente de incerteza e incontrolabilidade do resultado da decisão judicial (registre-se, de todo modo, que não há unanimidade no campo das teorias da argumentação: Manuel Atienza, por exemplo, diz que, tanto a teoria de Alexy como a de MacCormick, não oferecem um método que permita, por um lado, analisar adequadamente os processos de argumentação jurídica e, por outro, avaliar os resultados dos mesmos).

Mais ainda, parece não restar dúvida de que, afinal, a ponderação é um *procedimento* e, como tal, pretende ser uma técnica de legitimação da decisão que será proferida no caso concreto; só que a única possibilidade de "controle" se dá no âmbito do próprio procedimento, e não no conteúdo vinculado por ele; *quem decide, quem valora, ao fim e ao cabo, é o sujeito* (que não é o sujeito da intersubjetividade, porque este não está na pauta da teoria da argumentação jurídica exatamente pela cisão feita entre subsunção e ponderação e entre casos fáceis e casos difíceis;[34] o sujeito é, pois, o do esquema sujeito-objeto), que não consegue se livrar das amarras solipsistas, na medida em que toda reflexão está assentada em um modelo matemático de pensamento. Na resolução dos assim chamados "casos difíceis" (porque, segundo o próprio Alexy afirma, os "casos fáceis" são solucionados pela aplicação da subsunção), torna-se clara a aposta na aposta em fatores exógenos ao direito, valendo lembrar a tese constante em "La institucionalizacion de la justicia".[35]

---

[34] Uma das questões centrais para a Crítica Hermenêutica do Direito (CDH) consiste na impossibilidade da cisão "casos fáceis-casos difíceis". Acreditar nessa cisão é o mesmo que fazer uma distinção de caráter estrutural. Um caso não é fácil ou difícil "em si". Será fácil ou não de acordo com as possibilidades que o intérprete tem de compreender o fenômeno. Até mesmo Dworkin – embora diferencie *easy case* de *hard case*, deixa claro que "para o direito como integridade os casos fáceis são apenas casos especiais de casos difíceis, e a reclamação do crítico é apenas aquilo que o próprio Hércules se daria por satisfeito em reconhecer: que não precisamos fazer perguntas quando já conhecemos as respostas". Cf. DWORKIN, Ronald. *O Império do Direito*. São Paulo: Martins Fontes, 2007, p. 317. Do mesmo modo isto está presente em Gadamer (*Wahrheit und Method*, op. cit.), para quem uma interpretação está correta quando desaparece; também não nos perguntamos pelas razões pelas quais compreendemos um fenômeno, pela exata razão de que "já compreendemos".

[35] Cf. ALEXY, Robert. *La institucionalización de la justicia*. Granada: Editorial Comares, 2005, p. 45-46.

Note-se: para Alexy não há uma cooriginariedade entre Direito e Moral, mas apenas um vínculo necessário, constituído posteriormente, a partir daquilo que ele chama de pretensão de correção. Neste nível, desenvolve reflexões em torno da chamada *fórmula Radbruch*, que apareceu em algumas decisões do Tribunal Constitucional alemão quando da época da reconstrução das mazelas do nazismo e também no período que sucedeu a queda do muro de Berlin e o consequente processo de reunificação da Alemanha. A pergunta que deve ser feita é: qual a relação entre a teoria da justiça (e a aplicação da fórmula Radbruch) – naquilo que ele chama de casos duvidosos (que podemos entender no contexto da obra de Hart como *casos difíceis*) – a ponderação e a admissão da discricionariedade? O que há em comum nesses elementos?

3.3. O problema da discricionariedade em Robert Alexy: O equívoco de pensar que a superação do positivismo exegético estaria na correção moral do direito

Em primeiro lugar, é preciso ter presente que, desde a publicação de seu *Teoria da Argumentação Jurídica*, Alexy aceita – sem ressalvas – a tese da "textura aberta" do direito apresentada por Hart em seu *Conceito de Direito*. Dessa forma, podemos dizer que o problema central para Alexy sempre foi explorar essa dimensão da "abertura" do direito que, ao contrário daquilo que entendia Hart, para Alexy a dimensão de abertura era a porta de entrada, no interior do discurso jurídico, para elementos morais ou questões de justiça presentes naquilo que ele denomina discurso prático geral. Para Alexy, o espaço da "textura aberta" é o *locus* onde *necessariamente* habitam os argumentos morais no direito.

Isto é assim porque Alexy identifica problemas centrais concernentes à natureza do direito, dois dos quais dizem respeito às dimensões do direito, que o jurista alemão as subdivide em *dimensão real* ou *fática* e *dimensão ideal* ou *crítica* do direito. A primeira dimensão é representada pelos elementos da publicação/aplicação competente e eficácia social, dimensão em que estariam as relações entre direito e coerção, direito e procedimentos de institucionalização da criação e aplicação das normas e direito e aceitação. Esta última, relacionada intrinsecamente à segunda dimensão, na qual Alexy questiona justamente a relação entre direito e moral, afirmando que *o Direito necessariamente levanta uma pretensão de correção*, e essa pretensão compreende uma *pretensão de correção moral*. O autor chega a conclusão de que há casos em que o discurso jurídico não dá conta, devido a sua *textura aberta* – os chamados *hard cases* (Hart). Nesses casos, a moral é empregada *complementarmente* para resolvê-los.

Em outras palavras, para Alexy, os casos difíceis não podem ser decididos por razões consideradas exclusivamente a partir do direito. Ou seja, o intérprete deve pautar-se a partir de diferentes razões que não propriamente aquelas extraídas do direito, especialmente as considerações de justiça... E como as considerações de justiça pertencem ao conjunto de razões morais, e tais considerações são consideradas prioritárias (entre todas as possíveis razões – jurídicas, morais e, inclusive, amorais), a moral prevaleceria para a tomada de tal decisão; o que faria emergir, segundo o autor, uma concepção não positivista do direito.[36]

Vale dizer, frente à insuficiência do direito para responder ao litígio sob julgamento, aquele que aplica o direito fica liberado a buscar respostas em argumentos de conveniência, costumes e justiça, que são, no fundo, questões morais pertencentes ao discurso prático geral. Diferindo de Hart, Alexy diz que, mesmo nestes casos em que se evidencia a textura aberta do direito (*casos duvidosos*), existe, por parte do aplicador, uma pretensão de correção: isto é, o juiz decide de determinada maneira o caso porque entende ser aquela a maneira *correta de decidir*. Essa pretensão encontra fundamento e deve estar justificada com base em elementos externos presentes no discurso prático geral.

Ocorre que, ainda assim, subsiste a possibilidade de uma decisão vir a ser tomada de forma incorreta, sendo, portanto, injusta. Alexy admite que, em muitos casos, esse tipo de decisão (seja ela do legislador, quando legifera, seja do juiz no momento em que exerce a judicatura) permanece no sistema jurídico como uma espécie de remanescente de imperfeição próprio da estrutura que envolve os processos reais de argumentação e discurso jurídico (lembremos que o próprio autor afirma que sua teoria da justiça tem um forte componente idealista).[37] Porém, o jurista procura introduzir um ferramental para que certo tipo de decisão não seja aceita em nenhuma hipótese. Ou seja, em determinados casos, haveria a possibilidade de se controlar as decisões pelo fundamento de justiça que elas veiculam.

---

[36] Cf. ALEXY, Robert. The dual nature of Law. *IVR 24th. World Congress*. Global Harmony and Rule of Law. Papers Plenary Sessions. September 15-20, Beijing, 2009, p. 257-274 e ALEXY, Robert. The nature of arguments about the nature of law. In: MEYER, Lukas H.; PAULSON, Stanley L.; POGGE, Thomas W. *Rights Culture and the Law*. Oxford: Oxford University Press, 2003, p. 3-16.

[37] Idem, ibidem, p. 50 e segs.

3.4. A correção moral do direito e o fantasma de Radbruch

É neste ponto que aparece a articulação da chamada *fórmula Radbruch*. Em grande síntese, essa fórmula prescreve o seguinte: a extrema injustiça não é direito. Como já foi ressaltado, a fórmula Radbruch encontra precedentes de sua utilização no Tribunal Constitucional alemão. Entretanto, tal fórmula não teve maior repercussão em virtude do fantasma que a rondava, qual seja, a possibilidade de um rompimento institucional com o ideal de *segurança jurídica*. Desse modo, Alexy procura utilizar a fórmula, dando-lhe novos contornos de modo que o problema da insegurança jurídica se mostre solucionado. Assim, ele estabelece um limite para a aplicação da fórmula. Não é em qualquer caso de *grave injustiça* que a fórmula se aplica, mas apenas naqueles em que haja uma *extrema injustiça*, sendo que por *extrema injustiça* se define substancialmente através de um descumprimento do núcleo dos direitos humanos fundamentais.[38] Portanto, o que o autor chama de *A Institucionalização da Justiça*, dá-se através das Constituições que prevejam em seu bojo Direitos Humanos Fundamentais. Nessa medida, toda e qualquer violação a um direito humano fundamental será, em contrapartida, uma violação ao ideal de Justiça, ensejando, em última análise, a possibilidade de aplicação da *fórmula Radbruch*.

Na medida em que na *Teoria dos Direitos Fundamentais* já aparecia, a tese de que os direitos humanos possuem uma dimensão de princípios, também as questões de justiça comportarão essa dimensão principiológica e assumirão, no contexto de sua teoria, o mesmo conceito de mandados de otimização que reveste os princípios derivados dos direitos fundamentais constitucionais. Na medida em que a forma de aplicação dos princípios se dá através da ponderação, a solução dos casos duvidosos (que comportam a incorporação de elementos externos ao direito, próprios do discurso prático geral) quanto a solução da chamada *colisão de princípios* passa pela observação do procedimento da ponderação, *que apresenta, por tudo que já foi dito aqui, uma estrutura discricionária*. Esse fato, aliás, é reconhecido pelo próprio autor. Com efeito, no *posfácio* que compõe a edição da tradução para o português, Alexy afirma, *in verbis:* "Os direitos fundamentais não são um objeto passível de ser dividido de uma forma tão refinada que inclua impasses estruturais – ou seja, impasses reais no sopesamento –, de forma a torná-los praticamente sem importância. *Neste caso, então, existe uma discricionariedade*

[38] Idem, ibidem, p. 24.

para sopesar, uma discricionariedade tanto do legislativo quanto do judiciário".[39]

Nesse exato sentido, busco reforço às minhas críticas em García Figueroa, para quem uma das fragilidades da teoria da argumentação alexiana é a "consagração da discricionariedade dos operadores jurídicos ante a crescente amplitude do âmbito das possibilidades discursivas": "en cierto modo la version de Alexy vendría a retrasar el inevitable momento de la discreción judicial que propugna el positivismo. Segundo el positivismo, la discreción comenzaría donde se agotaram los materiales normativos positivos, y en el modelo de Alexy la discreción se desarrollaría donde los materiales normativos y morales no fueran suficientes para discriminar entre las distintas respuestas correctas".[40] Por isso García Figueroa, na mesma linha de David Richards, *aponta um positivismo latente no interior da teoria da argumentação alexiana*.[41]

3.5. Princípios não abrem a interpretação. Ao contrário: fecham-na

Há uma diferença fundamental e fundante entre a hermenêutica (na concepção aqui trabalhada, que imbrica a hermenêutica filosófica e a teoria dworkiana) e a teoria da argumentação jurídica, mormente a defendida por Alexy. Enquanto esta compreende os princípios (apenas) como mandados de otimização, circunstância que chama à colação a subjetividade do intérprete, aquela parte da tese de que os princípios introduzem o mundo prático no direito, "fechando" a interpretação, isto é, diminuindo – ao invés de aumentar – o espaço da discricionariedade do intérprete; além disso, o círculo hermenêutico e a diferença ontológica colocam-se como blindagem contra relativismos.

Claro que, para tanto, a hermenêutica salta na frente para dizer que, primeiro, são incindíveis os atos de interpretação e aplicação

[39] Cf. ALEXY, Robert. *Teoria dos Direitos Fundamentais*. Tradução de Virgílio Afonso da Silva. São Paulo: Malheiros, 2008, p. 611 (grifei).

[40] Cf. GARCÍA FIGUEROA, Alonso. *La tesis Del caso especial y El positivismo jurídico*. Doxa n. 22 (1999), p. 207-220.

[41] Ver SEOANE, José Antonio. Um código ideal y procedimental de la razón práctica. La teoria de la argumentación jurídica de Robert Alexy. In: *De la argumentación jurídica a la hermenêutica*. Granada: Comares, 2005, p. 165 e segs; Tb. RICHARD, D. A. *Robert Alexy, A theory of legal argumentation*: the theory of rational discourse as theory os legal justification. Oxford: Clarendon, 1989.

(com o que se supera o método) e, segundo, não há diferença estrutural entre *hard cases* e *easy cases*. É nesse contexto que deve ser analisado o emprego do princípio da proporcionalidade pela teoria da argumentação. Com efeito, a proporcionalidade é a "chave" para resolver a ponderação, a partir das quatro características de todos conhecidas. Ou seja, na medida em que a proporcionalidade só "é chamada à colação" quando necessário um juízo ponderativo para os casos difíceis – uma vez que para os casos simples "basta" a dedução/subsunção – *caberá ao intérprete a tarefa de "hierarquizar" e "decidir" qual o princípio aplicável no caso do conflito/colisão.*

Ora, se, ao fim e ao cabo, cabe ao intérprete hierarquizar (e escolher) o princípio aplicável, a pergunta inexorável é: qual é a diferença entre o "intérprete ponderador" e o "intérprete do positivismo", que, discricionariamente escolhe qual a "melhor" interpretação? Claro que a Teoria da Argumentação Jurídica – mormente a de Alexy, que é a mais sofisticada e complexa – responderá que há um conjunto de critérios que deverão sempre balizar a escolha. Mas, pergunto, qual é a diferença desses critérios (ou fórmulas) dos velhos métodos de interpretação, cujo calcanhar de Aquiles – na feliz expressão de Eros Grau e Friedrich Müller – é(ra) exatamente não ter um critério para difundir qual o melhor critério, que venho denominando de "ausência/impossibilidade" de um *Grundmethode*?

Mutatis mutantis, denominado esse poder de "resolver os casos difíceis" de "poder discricionário" (Hart) ou de "recurso às questões de justiça", que, ao fim e ao cabo, são questões morais (Alexy), é a esse problema que me refiro quando critico o esquema sujeito-objeto. Entender que a discricionariedade é algo inerente à aplicação do direito é, no fundo, uma aposta no protagonismo judicial. E a discricionariedade não se relaciona bem com a democracia. Essa, aliás, foi a crítica mais veemente feita por Dworkin a Hart. E essa questão continua na ordem do dia, mormente em países como o Brasil. Com efeito, as teorias que pretenderam resolver esse problema da (in)determinabilidade do direito, dos casos difíceis,[42] das vaguezas e das ambiguidades próprias do ordenamento jurídico, ao apostarem nesse *sub-jectum* da interpretação jurídica, não conseguiram

[42] É possível afirmar, assim, que nos casos difíceis de que falam as teorias argumentativas, a escolha do princípio aplicável – que é feita através do "método ponderativo" – proporciona uma espécie de "repristinação" da antiga "delegação positivista" (lembremos: na zona da penumbra, em Hart; no perímetro da moldura (e até mesmo fora) em Kelsen). Isto é, cabe ao intérprete dizer qual o princípio aplicável, isto é, tal como no positivismo, é tarefa do juiz decidir nas "zonas de incertezas" e das "insuficiências ônticas" (para usar aqui uma expressão que venho utilizando para identificar a "dobra da linguagem" que sustenta a ausência de cisão entre *hard* e *easy cases*).

alcançar o patamar da revolução copernicana proporcionada pela invasão da filosofia pela linguagem.

Apostando na discricionariedade ou em discursos adjudicadores com pretensão de correção do direito, estaremos tão somente reforçando aquilo que pretendemos criticar. Tal circunstância pode ser detectada em setores importantes da dogmática jurídica praticada no Brasil, que vêm apostando fortemente na teoria da argumentação jurídica e, portanto, utilizando largamente a ponderação de princípios. Malgrado esse expansão da teoria alexiana, não escapa a um olhar mais crítico a circunstância de que poucos intérpretes de Alexy efetuam os procedimentos descritos na chamada *lei de colisão.*[43]

A jurisprudência do STF faz constantes referências ao termo ponderação, mas é extremamente difícil dizer quando é que estamos diante de um acórdão em que realmente foram percorridas todas as fases do procedimento da ponderação. *Há frequentes menções a princípios constitucionais em conflito, mas, em regra, não se encontra um voto no qual todas as fases da ponderação* – estabelecidas por Alexy – tenham sido ao menos sugeridas pelos Ministros.[44] O problema envolvendo aquilo que responde pelo nome de *norma de direito fundamental atribuída* pode ser apresentada, *v.g.*, como um destes pontos esquecidos.

Explicando melhor: Alexy apresenta este tipo de norma como sendo aquelas que, apesar de não serem expressas diretamente por enunciados da Constituição, *são normas que podem ser a ela atribuídas.* Isso decorre, segundo o autor, do caráter aberto das normas de direito fundamental tanto no nível semântico quanto no nível estrutural.[45] Aliás, cabe registrar que, neste ponto, *aparece uma explícita*

---

[43] Robert Alexy pretende racionalizar a jurisprudência dos valores, que ele vê aplicada pelo Tribunal Constitucional alemão sem critérios. Para isso, constrói a sua Teoria da Argumentação Jurídica. Alexy, entretanto, não identifica o seu modelo como uma "jurisprudência dos valores", embora não seja esta a questão central da "incorporação" de Alexy pelo neoconstitucionalismo (italiano, espanhol e brasileiro). E essa racionalização, via TAJ, é feita, segundo ele, através de padrões analítico-conceituais ainda signatários da tradição da "jurisprudência dos conceitos" alemã. De qualquer forma, o problema nas teses alexianas está na tese de que a Constituição "é uma ordem concreta de valores" e nos "efeitos colaterais" de uma racionalização que envolve a ponderação destes valores (sem contar as leituras equivocadas que foram feitas no Brasil da obra de Alexy). É possível dizer que, no Brasil, não há sequer "teoria da argumentação". Há, tão somente, os traços analíticos de uma teoria dos princípios, sem o controle – bem ou mal – exercido pelas regras de argumentação.

[44] Para maiores aprofundamentos sobre o tema, remeto o leitor à tese de doutoramento defendida na Unisinos por Fausto Santos de Morais, intitulada "Hermenêutica e Pretensão de correção: uma revisão crítica da aplicação do princípio da proporcionalidade pelo Supremo Tribunal Federal".

[45] Cf. ALEXY. *Teoria dos Direitos Fundamentais,* op. cit.

aceitação à tese da discricionariedade judicial. Assim, diz Alexy, na medida em que as *normas de direito fundamental atribuídas* são definidas pelos intérpretes da constituição, é preciso definir algo que confira validade a tais normas. Todavia, Alexy ressalta que *este fundamento de validade "não define um procedimento que leve, em todos os casos a somente um resultado"*.[46] Isto porque a norma de direito fundamental atribuída representa o resultado do sopesamento dos princípios em colisão.

Ou seja – e isso precisa ficar esclarecido – o resultado da ponderação não fornece a solução *stricto sensu* do caso concreto, mas cria uma outra norma de direito fundamental (norma atribuída) que possibilitará a realização da aplicação subsuntiva de uma regra ao caso. Portanto, há uma dupla via que liga ponderação e norma de direito fundamental atribuída: esta representa o resultado da ponderação realizada entre princípios colidentes e, ao mesmo tempo, a ponderação oferece o fundamento de validade da norma de direito fundamental atribuída.

Desse modo, Alexy deixa claro que *é o respeito ao procedimento da ponderação que outorgará validade à regra que irá reger o caso concreto sub judice*. Portanto, a máxima exaustivamente proferida por Prieto Sanchís de que na Teoria da Argumentação temos mais ponderação que subsunção *deve ser recebida com reservas*. Afinal, aquilo que levará à efetiva solução da demanda será uma regra, e não um princípio. Como regra, ela será do mesmo modo subsumida ao caso concreto. Nas palavras do próprio Alexy: "Como resultado de todo sopesamento que seja correto do ponto de vista dos direitos fundamentais pode ser formulada uma norma de direito fundamental atribuída, que tem a estrutura de uma regra e à qual o caso pode ser subsumido".[47]

Ainda dois importantes aspectos merecem ser analisados a respeito da ponderação alexiana e da ideia de abertura e fechamento proporcionado pelos princípios e regras, respectivamente. O primeiro deles refere-se ao fato de que o juspositivismo que se intenta superar é aquele fundado num sistema exclusivo de regras, proveniente de uma racionalidade matematizante, que legou o modelo subsuntivo de jurisdição. Todavia, ao cindir casos fáceis e difíceis, com procedimentos de resolução distintos, ponderação e subsunção, mantém-se um *modus operandi* de um direito assentado na Modernidade. Melhor dizendo: ao final de todo o processo de

[46] ALEXY. *Teoria dos Direitos Fundamentais*, op. cit., p. 74.

[47] Idem, ibidem, p. 102.

ponderação – respeitado todo o procedimento que Alexy desenvolve – chega-se a uma regra que será aplicada subsuntivamente para o caso em tela e tantos quantos forem com ele análogos. Ao fim e ao cabo, a subsunção continua sendo o método primaz para dizer o direito, seja de modo direito para os casos fáceis, ou como resultado de um balanceamento para os casos difíceis.

O segundo ponto refere-se ao "mito do dado" e a ideia que as regras são fechadas, ambas também decorrentes da manutenção do juízo subsuntivo. Ao insistir que as regras são aplicadas deste modo, afirma-se nas entrelinhas que estes enunciados conseguem abarcar toda a realidade circundante nos limites de sua abrangência. As regras estariam (pré)prontas para conformar a vida e assim regrá-la.[48]

Deste modo, as regras são teorizadas como se fossem textos fechados, completos, com pouca ou nenhuma elasticidade, e por isso mesmo, o Direito necessitaria dos princípios, sob pena de manter em alguns casos decisões extremamente injustas. Dito de outro modo, por serem aplicadas ou não, tudo ou nada, demandam de um processo moral-corretivo *a posteriori*. Contudo, esta acepção mostra-se equivocada. Nas disciplinas propedêuticas ensina-se que a lei é uma norma geral e abstrata, isto é, não é elaborada para um caso específico, mas para uma generalidade de situações, para isso abstrai-se destas diversas possibilidades apenas aquilo que lhes é comum. Dessa forma, a regra não poder ser fechada, ao revés, é aberta, é porosa. Ademais, não obstante as regras, de um modo geral, serem enunciadas com algum grau de determinabilidade, por serem enunciações linguísticas abrem possibilidades interpretativas – Kelsen já sabia muito bem disto – impossibilitando uma aplicação mecânica, *prêt-à-porter*.

Continuar defendendo um fechamento das regras, (enquanto detentoras de sentidos unívocos) exaltando uma abertura dos prin-

[48] Veja-se como essa questão está presente fortemente na operacionalidade do direito: no MS n. 32.326, o relator Min. Roberto Barroso, do STF, faz claramente a cisão estrutural entre regras e princípios e entre casos fáceis e casos difíceis, *in verbis*: "A moderna teoria jurídica tem dividido as questões judiciais, de acordo com o grau de dificuldade que elas abriguem, em casos fáceis e casos difíceis. Casos fáceis são aqueles para os quais existe um resultado explícito no ordenamento jurídico, uma solução pré-pronta, cabendo ao intérprete, tão somente, o papel de fazê-la incidir no caso concreto. Por exemplo: aos 70 anos, o servidor público deve passar compulsoriamente para a inatividade; ou: vendido o imóvel, deve ser pago o respectivo imposto de transmissão. Casos difíceis, ao revés, são aqueles para os quais não existe uma solução pré-pronta no ordenamento jurídico. Para resolver o problema, o juiz terá de elaborar argumentativamente a resposta correta, considerando inúmeras variáveis, algumas delas metajurídicas". Disponível em: <http://s.conjur.com.br/dl/stf-suspende-efeitos-sessao-manteve.pdf>. Acesso em: 08/09/2013.

cípios (como possibilidades infindas), representa sérios problemas, tais como: a manutenção da discricionariedade; uma tendência de inferiorizar a legislação democraticamente estabelecida e a fragilização da autonomia do direito pelo moralismo do sujeito-juiz.

Por isso, defendo que os princípios não abrem a interpretação, e sim fecham/limitam. Os princípios (re)inserem a faticidade ao direito, e espelham uma determinada tradição jurídica que permitirá um diálogo constante entre a decisão particular com todo o ordenamento. Deste modo, proporcionam que a atividade jurisdicional, por intermédio da fundamentação, que é condição de possibilidade, publicize o sentido que será intersubjetivamente controlado, e que tenderá a manter a coerência e integridade do direito.

3.6. Ronald Dworkin e sua aversão à discricionariedade judicial

O ponto fulcral do debate[49] entre Dworkin e Hart é o problema da discricionariedade. O jusfilósofo inglês sustentava que a vagueza era inerente à linguagem jurídica e que nos *hard cases*, nos quais existiriam várias interpretações razoáveis, os juízes poderiam decidir discricionariamente, pois teriam que escolher a interpretação que considerassem a mais apropriada. Assim, nestas situações excepcionais, o juiz não estaria aplicando o direito, mas sim, criando-o.

Dworkin, em sentido contrário, apresenta objeções à construção hartiana. Primeiramente, o jusfilósofo norte-americano defende que as partes num processo possuem o direito de que a solução jurídica para o caso esteja de acordo com o ordenamento previamente estabelecido. Este, por sua vez, seria o fundamento para todos os casos, fáceis ou difíceis, impedindo tanto a discricionariedade judicial como o poder criativo dos juízes, nos termos propostos por Hart.

Este ordenamento jurídico seria composto não apenas por regras, mas também por princípios. Isto, em decorrência do fato de que uma sociedade é formada por pessoas que além de obedecerem às regras criadas pelo acordo político, reconhecem também princípios comuns como norteadores de suas práticas (Comunidade de Princí-

---

[49] Em virtude deste debate Ronald Dworkin escreveu uma série de artigos posteriormente compilados e transformados em livros como *Taking Rights Seriously* e *A Matter of Principle*. Isto demonstra a constante preocupação em produzir uma teoria antidiscricionária, o que deveria afastar Dworkin de uma série de posturas autodenominadas pós-positivistas ou neoconstitucionalistas que continuam apostando exatamente naquilo que Dworkin combate: o poder discricionário dos juízes.

pios). Em contraposição a Hart, estes princípios vedariam um juízo discricionário. Deste modo, ainda que existisse um caso de absoluta anomia, no sentido de nenhuma regra a ser aplicada, existiriam princípios que indicariam o direito para um dos demandantes.

Neste contexto deve ser compreendida a tese da resposta correta. Assim, a questão não é existência de uma única solução jurídica, mas que, mesmo havendo, mais de uma possibilidade juridicamente defensável, o direito sempre teria (uma) resposta. Dito de outro modo: o direito enquanto um sistema de regras e princípios não abriria a possibilidade para um juízo discricionário, já que teria sempre uma história institucional a ser reconstruída e que indicaria a melhor decisão a ser tomada.[50]

Destarte, observa-se que em Dworkin o Direito é um conceito interpretativo.[51] Entende que a prática jurídica é, primordialmente, interpretativa, uma vez que em juízo as partes conflitantes apresentam interpretações alternativas que pretendem dizer o Direito para o caso. Assim, a interpretação, para além de um caráter meramente instrumental, é imprescindível, é indissociável do fazer jurídico. Nestes termos, o Direito transcenderia os catálogos de princípios e regras, seria *"uma atitude interpretativa e autoreflexiva, dirigida à política no mais amplo sentido"*.[52]

---

[50] Correta, pois, a advertência de Dworkin, no sentido de que devemos evitar a armadilha em que têm caído tantos professores de direito: a opinião falaciosa de que, como não existe nenhuma fórmula mecânica para distinguir as boas decisões das más e como os juristas e juízes irão por certo divergir em um caso complexo ou difícil, nenhum argumento é melhor do que outro, e o raciocínio jurídico é uma perda de tempo. Devemos insistir, em vez disso, que quaisquer que sejam seus pontos de vista sobre a justiça e a equidade, os juízes também devem aceitar uma restrição independente e superior, que decorre da integridade, nas decisões que tomam. Cf. DWORKIN, Ronald. *Domínio da vida*: aborto, eutanásia e liberdades individuais. São Paulo: Martins Fontes, 2003, p. 203 e ss.

[51] Esta ênfase de Dworkin no caráter interpretativo (hermenêutico) do direito bem como o concepção de integridade o aproxima da Hermenêutica Filosófica de Gadamer, como deixo claro em *Hermenêutica jurídica e(m) crise* . Nesse sentido também Franscisco Motta escreve que o próprio Dworkin "deixa nítida, em diversos contextos, uma postura hermenêutica, no sentido em que Gadamer a tematiza. A sua teoria do Direito – insistimos nesse ponto – é antes fenomenológica do que prescritiva, ou, nas suas próprias palavras: 'A tese não apresenta informações novas sobre o que os juízes fazem; oferece apenas uma nova maneira de descrever aquilo que todos sabemos que eles fazem, e as virtudes dessa nova descrição não são empíricas, mas sim políticas e filosóficas'. E é bem isso. Tal como Gadamer, que coloca em questão, com o seu *Verdade e método*, o que – já o ressaltamos – nos acontece 'além do nosso querer e fazer', Dworkin não visa à reformulação da prática judiciária, mas à adequada compreensão daquilo que já viria ocorrendo – no seu entendimento – com sucesso. Cuida-se, em ambos os autores, pois, de problematizar o 'não dito' que, apesar de 'não dito' e, bem por isso, 'não tematizado', acaba 'sustentando' a prática e os 'modos-de-ser' dos intérpretes/operadores do direito". Cf. MOTTA, Francisco José Borges. *Levando o direito a sério:* uma crítica hermenêutica ao protagonismo judicial. 2. ed. Porto Alegre: Livraria do Advogado, 2012, p. 86.

[52] Cf. DWORKIN, Ronald. *O Império do Direito*, op. cit., p. 492.

Por outro lado, Dworkin aproxima o Direito da Literatura. Como é sabido, o jusfilósofo pertencia ao movimento do *Law and Literature* que albergava tanto as abordagens que estudavam narrativas literárias relevantes para a compreensão do fenômeno jurídico (*Law in Literature*), como também a aplicação de técnicas da crítica literária aos textos legais (*Law as Literature*). Neste prisma, a interpretação não terá como objetivo fornecer um juízo de valor das proposições jurídicas, tampouco buscar a *voluntas legislatoris*, mas sim, tornar o objeto da interpretação o melhor possível.

Esta aproximação metodológica do Direito com a Literatura é observada quando apresenta a figura da *chain novel*, comparando o trabalho do juiz como de um romancista em cadeia. Este romance em cadeia, escrito de forma coletiva, impõe a quem incumbe dar continuidade um dever de coerência. Assim, quanto mais se desenvolvem os capítulos, maior será a vinculação narrativa/histórica do próximo autor que também é um intérprete já que precisa reconstruir o passado.[53] Do mesmo modo, um juiz encontra-se (sempre) vinculado a uma cadeia de precedentes e com o passar do tempo este vínculo será ainda maior. Desenvolvendo o tema, Dworkin escreve que:

> Em tal projeto, um grupo de romancistas escreve um romance em série; cada romancista da cadeia interpreta os capítulos que recebeu para escrever um novo capítulo, que é então acrescentado ao que recebe o romancista seguinte, e assim por diante. Cada um deve escrever seu capítulo de modo a criar da melhor maneira possível o romance em elaboração, e a complexidade dessa tarefa reproduz a complexidade de decidir um caso difícil de direito como integridade. (...) em nosso exemplo, contudo, espera-se que os romancistas levem mais a sério suas responsabilidades de continuidade; devem criar em conjunto, até onde for possível, um só romance unificado que seja da melhor qualidade possível. Cada romancista pretende criar um só romance a partir do material que recebeu, daquilo que ele próprio acrescentou e (até onde lhe seja possível controlar esse aspecto do projeto) daquilo que seus antecessores vão querer ou ser capazes de acrescentar. Deve tentar criar o melhor romance possível como se fosse obra de um único autor, e não, como na verdade é o caso, como o produto de muitas mãos diferentes.[54]

Esta perspectiva impede que o autor/intérprete seguinte proceda de modo subjetivista – no sentido que história começa nele, e por isso, poderia fazer o que quisesse – a ideia não é um conjunto de crônicas ou contos com os mesmos personagens, mas uma única

---

[53] Cada romancista, a não ser o primeiro, tem a dupla responsabilidade de interpretar e criar, pois precisa ler tudo o que foi feito antes para estabelecer, no sentido interpretativista, o que é o romance criado até então. Cf. DWORKIN, Ronald. *Uma questão de princípio*. Trad. de Luís Carlos Borges. 2. ed. São Paulo: Martins Fontes, 2001, p. 236.

[54] DWORKIN, Ronald. *Uma questão de princípio*, op. cit., p. 277.

história, iniciada antes dele e continuada como se escrita por um só, mesmo sendo uma obra a inúmeras mãos.

Por isso, foi um grande avanço o resgate, para dentro do CPC/2015, da coerência e integridade, que foi minha luta durante a tramitação deste projeto abraçada por outros colegas de academia e pela Relatoria do projeto na Câmara. Assim, o artigo 926 do CPC/2015 dispõe que "os tribunais devem uniformizar sua jurisprudência e mantê-la estável, *íntegra e coerente*". [grifei]

Isto é: em casos semelhantes, deve-se proporcionar a garantia da isonômica aplicação principiológica. Trata-se da necessária superação de um modelo estrito de regras, sem cair no panprincipiologismo que tanto critico. Simples assim... e complexo.

Assim, haverá *coerência* se os mesmos preceitos e princípios que foram aplicados nas decisões o forem para os casos idênticos; mais do que isto, estará assegurada a integridade do direito a partir da *força normativa* da Constituição. A *coerência* assegura a igualdade, isto é, que os diversos casos terão a igual consideração por parte do Poder Judiciário. Isso somente pode ser alcançado através de um holismo interpretativo, constituído a partir de uma circularidade hermenêutica. Coerência significa igualdade de apreciação do caso e igualdade de tratamento. Coerência também quer dizer "jogo limpo".

Já a *integridade* é duplamente composta, conforme Dworkin: um princípio legislativo, que pede aos legisladores que tentem tornar o conjunto de leis moralmente coerente, e um princípio jurisdicional, *que demanda que a lei, tanto quanto possível, seja vista como coerente nesse sentido*. A integridade exige que os juízes construam seus argumentos de forma integrada ao conjunto do direito, constituindo uma garantia contra arbitrariedades interpretativas; coloca efetivos freios, através dessas *comunidades de princípios*, às atitudes solipsistas-voluntaristas.

A integridade é antitética ao voluntarismo, ao ativismo e à discricionariedade. Ou seja: por mais que o julgador desgoste de determinada solução legislativa e da interpretação possível que dela se faça, não pode ele quebrar a integridade do direito, estabelecendo um "grau zero de sentido", como que, fosse o direito uma novela, matar o personagem principal, como se isso – a morte do personagem – não fosse condição para a construção do capítulo seguinte. Exemplo interessante exsurge desde já: pode parecer, para os Procuradores do Estado de todo o Brasil, que seja injusto, inadequado ou impertinente que o Governador do Estado possa nomear livremente o Procurador-Geral do Estado. Entretanto, a integridade do direito aponta para a prerrogativa do Chefe do Poder Executivo, conforme deixou claro o Supremo Tribunal Federal na decisão do ministro Ricardo Lewandowski, ao deferir liminar na ADI 5211 suspendendo a eficácia da Emenda à Constituição da Paraíba (EC) 35/2014, que, no caso, impedia o Governador de escolher o Procurador-Geral daquela unidade da federação.[55]

Algum afoito poderá me acusar de "dar nome novo a ideia velha" (como se fosse possível dizer as mesmas coisas com nomes diversos). Não surpreenderão comentários de que a questão já se achava bem dimensionada nos termos de "segurança jurídica/certeza" (ou justiça). Parecerá assim ao dogmaticismo ingênuo, com o qual se pretende romper. Ignora-se aí, neste apego a categorias jurídicas pré-modernas, todo o contexto teórico metafísico (clássico) em que submergem a discussão doutrinária. Segurança e certeza aparecem na praxe jurídica como "valores" autorreferentes, desarticulados, descarnados, ontologicistas e algo teológicos. Repristinam a cada decisão o dilema cego entre positivismo e jusnaturalismo, ambos constituindo fundamentos últimos e absolutos, prontos para acolher ou rejeitar qualquer pedido ao talante do juiz.

Já a coerência e a integridade avançam no problema, deslocando seu âmbito de solução para a "consciência histórica". Valem por todo contexto teórico que aportam e pela sofisticada relação conceitual que entretém. A integridade é *virtude política* a ser adotada por uma autêntica comunidade de princípios (para além de uma associação de indivíduos meramente circunstancial, ou pautada num modelo de regras), e se expressa pela coerência principiológica na lei e jurisprudência. Aqui já de pronto transparece uma questão nova: a coerência e integridade são antitéticas ao panprincipiologismo,[56] pela simples razão de que a "invenção" de um "princípio" sempre é feita para quebrar a integridade e a cadeia coerentista do discurso. Aliás, se é para confirmar a integridade e seguir coerentemente com o que vem sendo decidido, não há necessidade de se intentar princípios.

Coerência não é simplesmente se ater ao fato de que cada nova decisão deve seguir o que foi decidido anteriormente. Claro que é

---

[55] Nesse sentido, ver: <http://www.stf.jus.br/portal/cms/verNoticiaDetalhe.asp?idConteudo=282779>. Acessado em: 05/10/2014.

[56] Há algum tempo cunhei a expressão "panprincipiologismo" para demonstrar o abuso do uso dos princípios no Brasil. Nesse sentido, ver Streck, L.L. *Verdade e Consenso*. 5ª ed. Saraiva, 2014.

mais profunda, porque exige consistência em cada decisão com a moralidade política (não a comum!) instituidora do próprio projeto civilizacional (nos seus referenciais jurídicos) em que o julgamento se dá. A ideia nuclear da coerência e da integridade é *a concretização da igualdade*, que, por sua vez, está justificada a partir de uma determinada concepção de dignidade humana. A melhor interpretação do valor igualdade deverá levar em conta a convivência com um valor igualmente relevante, e que deve ser expressado em sua melhor interpretação: a liberdade. Por isso, o lobo não pode ter "liberdade" de matar o cordeiro; eu não tenho "liberdade" para matar alguém. A liberdade funciona como um conceito interpretativo. Na construção do meu direito à liberdade, a igualdade já está envolvida, e vice-versa. Não posso, por exemplo, transferir recursos dos outros para fazer a felicidade de um.

A *integridade* quer dizer: tratar a todos do mesmo modo e fazer da aplicação do direito um "jogo limpo" (*fairness* – que também quer dizer tratar todos os casos equanimemente). Exigir coerência e integridade quer dizer que o aplicador *não pode dar o drible da vaca hermenêutico* na causa ou no recurso, do tipo "seguindo minha consciência, decido de outro modo". O julgador não pode tirar da manga do colete um argumento que seja incoerente com aquilo que antes se decidiu. Também o julgador não pode quebrar a cadeia discursiva "porque quer" (ou porque sim).

A interpretação proposta por Dworkin supera tanto um convencionalismo positivista quanto um pragmatismo realista. Para os positivistas, sobretudo Hart, há algo para ser respeitado, porém em determinadas situações (*hard cases*) o intérprete poderia tornar-se um autor sem um passado, ele cria quase que *ex nihilo*. Já os realistas sustentam um desapego às convenções e à tradição, cada decisão é nova, em vez de intérpretes, seriam apenas autores.

Para o jusfilósofo, há uma interpretação da história que deve ser coerentemente reconstruída e adequadamente continuada. Não é somente o ontem, também não é só o hoje, tampouco apenas intérprete, ou tão só autor. A jurisdição deve imbricar a história jurídico-institucional do passado construída coletivamente com as exigências do hoje. O juiz, ao decidir, deve interpretar as decisões anteriores, e como resultado proceder de forma que encontre maior adequação (*Dimension of Fit*) e que torne determinada prática legal a melhor possível (*Dimension of Value, dimension of political morality, justification*).

3.7. Quantos juízes esclarecem os fundamentos da validade de suas decisões?

O quadro tecido acima ilustra três questões: primeiro, a precariedade com que a ponderação é aplicada em *terrae brasilis*, circunstância que pode ser observada não somente nas decisões judiciais como na literatura que trata da matéria; segundo, a fragilidade da teoria da argumentação (mormente no que diz respeito ao uso da ponderação) quando confrontada com a concretude do mundo prático; terceiro, que o problema da discricionariedade afasta Dworkin de Alexy, pois enquanto este o compreende como inexorável, aquele manifestamente demonstra sua aversão, construindo toda uma perspectiva teórica nesse sentido. Cabe a pergunta: quantos Tribunais e Juízes no Brasil esclarecem a validade de suas "normas de direito fundamental atribuídas"? Poder-se-ia objetar: mas este trabalho não é dos juízes e tribunais, mas sim, da dogmática e ciência jurídicas. Se assim o for, qual é a diferença dos procedimentos estabelecidos por Alexy daqueles que já existiam "ao tempo do positivismo"?

Veja-se, nessa mesma linha, que tanto a dogmática jurídica, quanto a jurisprudência, apesar de todos os esforços, nunca conseguiram apresentar situações em que as diversas regras estipuladas na teoria da argumentação jurídica pudessem ser efetivamente utilizadas. Nenhum juiz ou tribunal – pelo menos até o presente momento – chegou a declinar em suas decisões: *"A presente decisão é correta porque o falante não produziu nenhuma contradição"*; ou então, *"o falante somente afirmou aquilo em que ele mesmo acredita"*, *etc.*[57]

E mais: que tipo de contribuição a teoria da argumentação pode dar ao problema hermenêutico em que o direito está constantemente envolvido e que se manifesta no âmbito da interpretação? Ou seja, que tipo de solução a teoria da argumentação apresenta para o problema da discricionariedade, se ela mesma não abre mão do *Leitmotiv* do positivismo? E, em face da inevitabilidade da discricionariedade, como evitar a arbitrariedade interpretativa?

A relação umbilical entre o uso da ponderação e discricionariedade pode ser percebida no julgamento da Questão de Ordem formulada no Inquérito n. 2.424-RJ, pelo Supremo Tribunal Federal. Neste processo, foi decidido, por maioria de votos, que as provas produzidas por meio de interceptações telefônicas oriundas da es-

[57] DWORKIN, Ronald. *Uma questão de princípio*, op. cit., p. 282.

fera criminal poderiam ser utilizadas como prova emprestada em processo administrativo disciplinar de caráter civil, sob o pretexto de que, na hipótese vertente, haveria uma colisão entre o princípio da privacidade e o direito de intimidade – tutelado pelas regras que determinam a produção de provas – e o vetusto princípio da supremacia do interesse público – que estaria a requerer o uso processual de tais provas. Tal decisão se formou *a partir da ponderação entre os citados princípios* – pretensamente em colisão – determinando que as provas colhidas no âmbito do direito penal e do processo penal fossem utilizadas em um processo de natureza civil, a despeito de o artigo 5º, em seu inciso XII, restringir as possibilidades de violação de sigilo telefônico ao âmbito criminal e processual penal.

Ou seja, a ponderação, no fundo, vem servindo mais para legitimar decisões pragmaticistas do que para resolver, efetivamente e qualitativamente, os problemas que a concretude apresenta ao direito. Não esqueçamos que nos defrontamos cotidianamente com as mais variadas decisões sustentadas na ponderação de princípios. Assim, por exemplo, há decisões deferindo o direito a aluno de curso de biologia a não dissecar animais (qual o direito fundamental que estaria violado?), assim como decisões que, por vezes deferem e por vezes indeferem remédios para doentes em estado grave (nos dois casos, usa-se a ponderação), sem falar no uso arbitrário do princípio da dignidade da pessoa humana, que serve para resolver, por intermédio do sopesamento de princípios, os mais diversos conflitos, propiciando múltiplas e multifacetadas respostas no sistema. Ponderação, assim, está ligada à discricionariedade e esta não escapa do positivismo, que tem nela, na discricionariedade, o seu ponto de estofo.

É por isso que foi um equívoco, em uma proposta abrangente de trazer responsabilidade ao julgador, como foi o CPC/2015, institucionalizar no processo civil a ponderação. O § 2º do seu artigo 489 prevê:

> § 2º No caso de colisão entre normas, o juiz deve justificar o objeto e os critérios gerais da ponderação efetuada, enunciando as razões que autorizam a interferência na norma afastada e as premissas fáticas que fundamentam a conclusão.

Antes de tudo, deve ficar claro que o direito se constitui *em* e *com* uma linguagem que adquire especificidade própria. Assim, se a lei diz que três pessoas disputarão uma cadeira no (para o) Senado, nenhum jurista pensará que a disputa se travará sobre o móvel de quatro pernas. Então a palavra *normas* – constante no referido dispositivo – não pode ser lida como sinônimo de leis ou regras. Do mesmo modo, parece evidente que a palavra *ponderação* também não pode ser entendida vulgarmente, como alguém dizendo "*ponderando* melhor, vou fazer tal coisa...".

Quando o legislador fala em "ponderação", podemos estar certos de que está se referindo à longa tradição representada pela recepção (embora absolutamente equivocada) em *terrae brasilis*, da ponderação (*Abwägung*) da Teoria da Argumentação proposta por Robert Alexy.[58] Com certeza, nosso legislador, ao invocar uma "colisão entre (*sic*) normas" (*sic*), reportou-se a isso, o que acarreta gravíssimas consequências.

Surpreende, portanto, que o CPC/2015 incorpore algo que não deu certo. Pior: não satisfeito em falar da *ponderação*, foi mais longe na tropelia epistêmica: fala em *colisão entre normas*. Isto há de trazer problemas maiores ainda, pela simples razão de que, na linguagem jurídica, *regras e princípios são normas*. Já ninguém duvida disso. Logo, o que vai haver de "ponderação de regras"[59] não tem limite. Ou as "normas-que-entram-em-colisão" seriam os tais "postulados", "meta-normas" pelas quais se faz qualquer coisa no e com o direito? Isso tem nome: *risco de estado de natureza hermenêutico*, eis o espectro que ronda, no mau sentido, o direito brasileiro.

Em sentido oposto, encontra-se Ronald Dworkin. Para o jusfilósofo norte-americano, a discricionariedade é um problema, e desde seus debates com Hart, perpassando toda a sua produção acadêmica, até sua obra derradeira, é notória a sua aversão, e a tentativa de construir uma abordagem teórica adequada ao contexto democrático. Enquanto Alexy compreende os princípios como mandados de otimização que pressupõem em sua *applicatio* a manutenção do juízo discricional; Dworkin os concebe como normas socialmente reconhecidas e que denotam a comum-unidade de uma tradição jurídica. Assim, o ordenamento é formado por regras e princípios, de forma que o direito (sempre) teria (uma) resposta correta, sendo injustificável a necessidade de um juiz decidir discricionariamente.

[58] Posso, aqui, usar até um adversário de Gadamer, HIRSCH JR, E.D. (*in Validity in Interpretation*. New Yor, Yale University Press, 1967, p. 70 e segs), para dizer que um conceito compartilhado pode unir a particularidade do significado com a sociabilidade da interpretação. Com isso, fica difícil dizer que a palavra "ponderação" nada tem a ver com Alexy.

[59] Possibilidade defendida por: BARROSO, Luís Roberto; BARCELLOS, Ana Paula de. O começo da História: a nova interpretação constitucional e o papel dos princípios no direito brasileiro. In: SILVA, Virgílio Afonso da (Org.). *Interpretação constitucional*. São Paulo: Malheiros, 2005, p. 277-279.

A ponderação, seja a Alexiana ou aquela praticada no Brasil, como qualquer método, tenta esconder, sob o véu da racionalidade, um subjetivismo que primeiro escolhe e depois, retoricamente, encontra uma pretensa justificação.[60] Esta abordagem em muito se aproxima de um Pragmatismo que Dworkin intentou suplantar. O direito como uma interpretação colaborativa, como um romance em cadeia, impõe uma vinculação histórica, um dever de coerência e integridade que transcende o *eu* a caminho do *nós*. Dito de outro modo: Alexy perpetua um paradigma da subjetividade, enquanto Dworkin desenvolve sua perspectiva teórica assentado num paradigma da intersubjetividade.

Em tempos pós-positivistas, a discricionariedade (ainda) é um problema, pois esta se manteve em todas as versões do juspositivismo, seja no legislador racional, exegetismo francês, ou no juiz, realismo jurídico. Assim, inexiste proposta de ruptura se o que se propõe é meramente uma racionalização do juízo discricional, assumindo sua inevitabilidade. Deste modo, notadamente Dworkin afasta-se de Alexy por entender esta problemática e procurar transcendê-la.

Numa palavra: talvez o ponto fulcral da discussão seja a relação direito-moral. E, nesse sentido, Dworkin e Alexy divergem acerca do sentido da relação "regra-princípio". A partir de Dworkin, é possível dizer que Direito não é moral. Direito não é sociologia. Direito é um conceito interpretativo e é aquilo que é emanado pelas instituições jurídicas, sendo que as questões a ele relativas encontram, necessariamente, respostas nas leis, nos princípios constitucionais, nos regulamentos e nos precedentes que tenham DNA constitucional, e não na vontade individual do aplicador.[61]

---

[60] Isso somente ocorre em face do sincretismo que domina a teoria do direito e a doutrina que domina as práticas jurídicas. É equivocado sustentar que "primeiro se interpreta para depois compreender", "primeiro se decide e depois se busca uma justificação" ou "sentença vem de *sentire*", como se a interpretação fosse um ato de vontade (a imitar Kelsen ou Nietzche, com sua *Wille zur Macht*). O resultado disso todos conhecemos: um estado de natureza hermenêutico, em que o protagonismo do intérprete estabelece os sentidos jurídicos...! Enfim, é nisso que se assenta o ativismo, a discricionariedade e o decisionismo. Paradoxalemente, o próprio "sistema jurídico" (que podemos denominar de *establishment* jurídico), ao mesmo tempo que incentiva (consciente ou inconscientemente), por intermédio dos seus membros mais importantes, ser a interpretação um "ato de vontade" e que "primeiro decidem para depois fundamentar", cria cada vez mais mecanismos inibidores da interpretação e mecanismos impeditivos de recursos às instâncias superiores.

[61] Assim, afirmo que quem não consegue suspender seus pré-juízos acaba produzindo um prejuízo ao direito. Como bem diz Dworkin: não importa o que os juízes pensam sobre o direito, mas, sim, o ajuste (*fit*) e a justificação (*justification*) da interpretação que eles oferecem das práticas jurídicas em relação ao direito da comunidade política. Cf. DWORKIN, Ronald.

Ou seja, ele possui, sim, elementos (fortes) decorrentes de análises sociológicas, morais, etc. Só que estas, depois que o direito está posto – nesta nova perspectiva (paradigma do Estado Democrático de Direito) – não podem vir a corrigi-lo. Aqui me parece fundamental um olhar dworkiniano. Na verdade, o direito presta legitimidade à política, compreendida como poder administrativo, sendo que a política lhe garante coercitividade. Concebendo a política como comunidade (*Polity*), o direito faz parte dela. Compreendida como exercício da política (*politics*), há uma coimplicação entre eles na constituição do político. Como ponto de vista partidário, o direito tem o papel de limitar a política em prol dos direitos das minorias, definindo o limite das decisões contramajoritárias. O direito é essencialmente político se o considerarmos como um empreendimento público. Daí política ou político, no sentido daquilo que é da pólis, é sinônimo de público, de *res publica*.

Na mesma linha, acrescento, ainda com Dworkin, a necessidade de uma justificação moral mais abrangente para a teoria jurídica não pode significar que o direito seja tomado por moralismos pessoalistas. No fundo, cumprir o direito em sua integridade evidencia a melhor forma de condução da comunidade política. Essa melhor forma não representa uma exclusão da moral, mas, antes, incorpora-a. O direito não ignora a moral, pois o conteúdo de seus princípios depende dessa informação. Todavia, quando o direito é aplicado, não podemos olvidar dos princípios, tampouco aceitar que eles sejam qualquer moral. Sendo mais explícito: o direito limita os moralismos aos limites dos direitos individuais. Sobretudo se por moralismo se quer dizer uma determinada concepção do bem ou do bom que é sempre particular. Daí não se poder impor uma concepção única do bem e do bom, numa sociedade pluralista. Fazer isso seria a partir da modernidade algo imoral, se se parte de uma concepção moral fundada no reconhecimento universal da dignidade humana.

Aqui também devemos pensar em Habermas. Este é o custo que temos de pagar para ter um direito como o de hoje. Que não é igual ao de antanho. Detalhe: novamente com Dworkin é importante anotar que, com isso, não estou a negar a justificação política, de caráter geral, que a teoria jurídica pressupõe. Essa é uma questão de legitimidade do uso da força por parte de um governo. Todavia, as questões políticas em sentido estrito – que se expressam a partir de

Levando os direitos a sério. São Paulo: Martins Fontes, 2002, em especial o capítulo sobre *hard cases*.

raciocínios teleológicos, de metas sociais, etc. – não podem – e não devem – fazer parte do discurso judicial. No momento de concretização do direito, as questões de princípio se sobrepõem às questões de política. Assim, o direito também deve "segurar" (conter-evitar) a moral (e os moralismos). Isso, v.g., pode ser visto de forma mais acentuada nas cláusulas pétreas e no papel da jurisdição constitucional.

4. As razões pelas quais não é mais possível sustentar a cisão entre "casos fáceis" e "casos difíceis"

4.1. De como a *dicotomia easy cases-hard cases* atende a uma exigência do esquema representacional sujeito-objeto

A guinada hermenêutica sofrida pelo direito em tempos de efetivo crescimento do papel da jurisdição – mormente a jurisdição constitucional – acentuou a preocupação em torno da necessidade de discutir as condições de possibilidade que o intérprete tem para a atribuição dos sentidos aos textos jurídicos, uma vez fracassadas as experiências exegético-subsuntivas-positivistas e as tentativas de controlar os sentidos através de operações lógico-analíticas. As diversas concepções sobre como interpretar e como aplicar têm como objetivo discutir as condições para a construção de respostas com um adequado grau de racionalidade, evitando arbitrariedades.

A construção de racionalidades discursivas implicou a substituição da razão prática, questão bem presente nas diversas teorias da argumentação (a teoria do discurso habermasiana, nesse sentido, é também uma teoria da argumentação). Isso fez com que a questão da interpretação fosse alçada ao patamar da argumentação, a partir da construção de racionalidades comunicativas, estabelecendo previamente modos de operar diante da indeterminabilidade do direito. Em outras palavras, ao deslocarem o problema do direito para o discurso e a argumentação, determinadas teorias do direito deixaram de lado o mundo prático, é dizer, o modo-de-ser-no-mundo.

Ocorre que, desse modo, se deixou de lado a dupla estrutura da linguagem, confundindo-a com a cisão entre *easy e hard cases* (casos fáceis e casos difíceis), em que os primeiros seriam produto de "meras" deduções/subsunções, enquanto os segundos exigiriam a construção de uma racionalidade discursiva que assegurasse condições para uma universalização do processo de atribuição de sentido.

Nesse sentido, confunde-se a "era dos princípios" com "abertura hermenêutica" e a consequente necessidade da construção de racionalidades epistemógicas e metodológicas. A todo tempo, é necessário referir: regras de direito não estão ligadas ou limitadas à subsunção; princípios não são "propriedade" das teorias da argumentação...!

Em outras palavras, princípios não se constituem em álibis para suplantar problemas metodológicos oriundos de uma equivocada alegação de "insuficiência" das regras. Não são, portanto, "mandados de otimização" como quer Robert Alexy e nem postulados interpretativos. Devem, sim, ser compreendidos no contexto da ruptura paradigmática pela qual se superou o positivismo (afinal, esta não é a era pós-positivista?).

Do mesmo modo, as teorias da argumentação, nas suas diversas acepções ou modelos, não se constituem em "reserva hermenêutica" para resolver *hard cases*. Fosse isso verdadeiro, seria difícil responder à pergunta acerca de como se interpretava antes do surgimento das teorias da argumentação (ou seja, a interpretação do direito não "começa" com as teorias argumentativas). É como se a elaboração do procedimento apto à universalização dos discursos fundamentadores partisse de um marco zero, ignorando a pré-compreensão antecipadora. Dito de outro modo, é como se um *easy case* fosse um *easy case* em si (como se contivesse uma essência) ou como se ele mesmo não pudesse ser um *hard case ou, ainda,* como se a identificação do que seja um *easy case* pudesse ser feita previamente, de forma procedimental.

Esse equívoco de distinguir *easy* e *hard cases* é cometido tanto pelo positivismo de Hart como pelas teorias discursivas-procedimentais que vão desde Habermas[62] e Günther[63] até Alexy[64] e Atienza,[65] para citar apenas estes. Explico: de Habermas é possível extrair a tese de que o problema da razão prática – e, portanto, a

[62] HABERMAS, Jürgen. *Facticidad y validez*. Madrid: Trotta, 1998; Reply to my critics. In: TOMPSON, J.; HELD, D. (Eds.). *Habermas. Critical Debates*. London: 1982; HABERMAS, Jürgen. *Verdade e justificação*. São Paulo: Loyola, 2004; ——. *Aclaraciones a la ética del discurso*. Madrid: Trotta, 2000.

[63] GUNTHER, Klaus. *Teoria da Argumentação no Direito e na Moral*: justificação e aplicação. São Paulo: Landy, 2004; ——. *The sense of appropriateness*. New York: State University of New York, 1993.

[64] ALEXY, Robert. *Teoría de la argumentación jurídica*. Madrid: CEC, 1989; ——. Justification and Application of Norms. *Ratio Juris*, vol. 6, n. 2, jul/1993.

[65] ATIENZA, Manuel. *As razões do direito*. Teorias da argumentação jurídica. São Paulo: Landy, 2002; ——. Argumentación jurídica. In: Garzón Valdés, E. (org.). *El derecho y la justicia*. Madrid: Trotta, 2000.

necessidade de superar o sujeito solipsista (*Selbstsüchtiger*) e a justificação posterior de suas ações "egocêntricas" – somente se torna necessária no plano da justificação de *atos mais complexos*. Assim, para ele, os *easy cases* prescindem dessa fundamentação prévia, elaborada com a obediência de todos os requisitos da formação discursiva (situação ideal de fala). A pergunta solipsista "o que devo fazer" vem substituída pela pergunta "o que se deve fazer?" diz Habermas. E esse dever não pode depender de fins e preferências subjetivas.

Portanto, em Habermas, a razão comunicativa torna-se necessária para resolver problemas da fundamentação que passem pelo teste de universalização, isto é, a razão prática solipsista possibilita apenas que se faça um teste de universalização egocêntrica, quando surge uma insuficiência no plano da explicação do agir em uma razão prática. Já Klaus Günther faz a sua teoria distinguindo discursos de fundamentação e discursos de aplicação, buscando solucionar os casos difíceis. Pois Habermas constrói a teoria do discurso preocupado com a fundamentação prévia *para resolver questões complexas da razão prática*. E, desse modo, a substitui. Afinal, como ele mesmo diz, não é necessário que se pergunte acerca das questões triviais ou débeis.

O problema da razão prática, assim, não estaria nas decisões sobre questões simples. A fundamentação de decisões sobre temáticas complexas demanda, para Habermas, um deslocamento do problema da fundamentação em direção a uma razão comunicativa que permita a interação entre os indivíduos que objetivam o entendimento, sendo que, para isso, devem empreender determinadas idealizações, como que suspendendo o contexto. Para Habermas, se antes o agir estava determinado por um sujeito que, em face das questões complexas, necessitava justificar posteriormente os seus atos; *agora, com a epistemologização da fundamentação*, transfere-se esta carga do sujeito para a coletividade, a partir de uma formação discursiva forjada em uma racionalidade comunicativa, intersubjetiva.

Em síntese, o que a concepção acerca da existência de *easy cases e hard cases* de Habermas, Günther e Dworkin têm em comum é o fato de eles considerarem, nos *hard cases*, que os princípios (critérios) para solvê-los não se encontram no plano da aplicação, mas, sim, devem ser retirados de uma "história jurídica" que somente é possível no plano de discursos *a priori* (no fundo, discursos de fundamentação prévios).

Registre-se que, embora Dworkin também faça essa distinção (veja-se: ele distingue, mas não cinde), o faz por outras razões. Dworkin[66] trabalha com a noção de *hard cases* a partir da crítica que elabora ao positivismo discricionário de Hart. A diferença é que Dworkin não distingue *Begründungsdiskurs* de *Anwendungsdiskurs*. Consequentemente, não "desobriga" ou "desonera" o juiz (discursos de aplicação) da elaboração dos discursos de fundamentação, que se dão previamente. É a integridade do direito e sua reconstrução que devem dar as condições para a resposta correta nos casos difíceis. Mas – e essa diferença é de fundo –, esse "lugar" onde se "localizam" os princípios que serão aptos à resolução do caso não é dado *a priori* e de forma descontextualizada. De fato, para Dworkin, nos *hard cases*, se os princípios não são criados pelas autoridades de aplicação, também não são previamente dados, em um plano contrafactual. Dworkin, contrapondo-se ao formalismo legalista e ao mundo de regras positivista, busca nos princípios os recursos racionais para evitar o governo da comunidade por regras que possam ser incoerentes em princípio. É nesse contexto que Dworkin trabalha a questão dos *hard cases*, que incorporam, na sua leitura, em face das dúvidas sobre o sentido de uma norma, dimensões principiológicas, portanto, não consideradas no quadro semântico da regra.

Distinguir casos simples de casos difíceis não é o mesmo que cindir casos simples de casos difíceis. Essa pode ser a diferença entre a dicotomia *hard* e *easy cases* de Dworkin e a das teorias discursivo-procedurais. Cindir *hard cases* e *easy cases* é cindir o que não pode ser cindido: o compreender, com o qual sempre operamos, que é condição de possibilidade para a interpretação (portanto, da atribuição de sentido do que seja um caso simples ou um caso complexo). Afinal, *como saber se estamos em face de um caso simples ou de um caso difícil? Já não seria um caso difícil decidir se um caso é fácil ou difícil?*

Para que se entenda tal problemática – e o socorro vem da percuciente análise de Stein –, é preciso ter presente que, em todo processo compreensivo, o desafio é levar os fenômenos à representação ou à sua expressão na linguagem, chegando, assim, ao que chamamos de objetivação. Isso naturalmente tem um caráter ôntico, uma vez que é a diversidade dos fenômenos e dos entes que procuramos expressar, referindo-nos a esse ou àquele fenômeno ou ente. Quando chegamos ao final de tais processos de objetivação, reali-

[66] DWORKIN, Ronald. *Taking Rights Seriously*. Cambridge: Harvard University Press, 1977; ——. *Law's Empire*. Londres: Fontana Press, 1986.

zamos provavelmente aquilo que é o modo máximo de agir do ser humano. Entretanto, esse resultado da objetivação pressupõe um modo de compreender a si mesmo e seu ser-no-mundo que não é explicitado na objetivação, mas que podemos descrever como uma experiência fundamental que se dá no nível da existência e que propriamente sustenta a compreensão como um todo.[67]

Por isso, a cisão entre *easy cases* e *hard cases* é metafísica, porque, em um primeiro momento, antes da distinção – que tem o caráter causal-explicativo –, já há um compreender antecipador, pré-compreensivo e existencial, em que se enraízam estes dois elementos de caráter epistemológico. *Na medida em que se chega a esse nível e se faz a concessão de que "é possível fazer a cisão", sobra uma questão essencial*: acredita-se que no *easy case* há uma espécie de naturalismo, enfim, que há apenas uma explicação, que emergiria de um raciocínio dedutivo. Um *easy case* representaria uma espécie de isomorfia entre palavras (leis) e fatos a serem abrangidos.

Já no *hard case* ocorreria – a partir desta distinção – uma complexidade trazida pelo modo de ser-no-mundo e, por ser trazido desse modo (compreensivo), não seria possível reduzi-lo a uma simples explicação causal. Na verdade, o explicar – utilizado para o que se classifica de *easy case* – é da ordem da causalidade; já o compreender é da ordem do acontecer hermenêutico (não procedimental).

Dito de outro modo, a separação entre *easy cases e hard cases* atende a uma exigência do esquema sujeito-objeto. Essa cisão, entretanto, é apenas objetivista, metodológica, de teoria do conhecimento. Só que, quando determinada teoria discursivo-argumentativa opera com tal distinção estrutural, não se dá conta de que ali existem dois tipos de operar: no caso assim denominado fácil (*easy*), o operar explicativo, que é da ordem da causalidade; no caso complexo, não adianta trazer a causalidade, porque é necessário ampliar o processo.

Há, assim, uma "insuficiência" no processo de conhecimento, que não "dá conta do caso" – que já então não é mais um *easy case*. Ocorre que, ao contrário do que se acredita na teoria da argumentação, isso não se define em uma relação meramente ôntico-explicativa. É preciso compreender que nessa relação ôntico-explicativa (causal) já ocorre – como condição de possibilidade – o acontecer da diferença ontológica (*ontologische Differenz*).

[67] STEIN, Ernildo. *Nas proximidades da antropologia*. Ijuí: Unijuí, 2003, p. 113 e segs.

Veja-se, nesse sentido, que, embora críticos do positivismo, autores como Alexy e MacCormick fazem equivocadamente essa divisão entre "procedimentos interpretativos próprios para *easy cases*" e "procedimentos interpretativos para resolução de *hard cases*", ao considerarem que os casos jurídicos fáceis (simples) são resolvidos pelo juiz a partir de inferência lógico-dedutiva. Essa justificação de índole lógico-dedutiva é sempre necessária, porém, por vezes, é necessário algo mais, aduzem. A Teoria da Argumentação Jurídica seria, assim, um *plus* em relação à mera justificação lógico-dedutiva – espécie de justificação interna (assim a denomina Alexy, enquanto MacCormick chama a esse procedimento de "justificação de primeiro nível"). Ou seja, quando o raciocínio lógico-dedutivo não consegue "dar conta" do problema, busca-se socorro na *Teoria da Argumentação Jurídica*. Na mesma linha, considero equivocada a tese de Atienza, para quem "quando as premissas contêm toda a informação necessária e suficiente para chegar à conclusão, argumentar é um processo dedutivo".[68]

Assim, quando procuro demonstrar que a distinção estrutural (ou cisão) entre casos *easy cases e hard cases* é metafísica, não estou excluindo a dimensão da causalidade e tampouco a possibilidade de que os assim denominados casos simples ocorram de forma objetivada. O que procuro questionar, com base no paradigma hermenêutico (fenomenologia hermenêutica), é que – em relação à distinção *easy-hard cases* – a dimensão da causalidade não pode esconder a explicação *de sua origem essencial*. Ao fazer a distinção entre as operações causal-explicativas (deducionismo) destinadas a resolver os casos simples e as "ponderações" calcadas em procedimentos que hierarquizam cânones e princípios (ou postulados hermenêuticos) para solver os casos complexos, reduz-se o elemento essencial da interpretação a uma relação sujeito-objeto.

Acreditar na cisão estrutural entre *easy cases e hard cases* é pensar que o direito se insere em uma "suficiência ôntica", enfim, que a "completude" do mundo jurídico pode ser "resolvida" por raciocínios causais-explicativos, em uma espécie de "positivismo da causalidade". Pensar assim é esquecer que essa "metafísica da causalidade" é apenas uma etapa necessária para chegarmos aos entes. Entretanto, não é suficiente, pois, presa à causalidade, ela não atinge os entes em seu acontecer (na sua compreensão). Por isso minha

[68] Ver, para tanto, ATIENZA, Mantel. *As Razões do Direito*. Teorias da Argumentação Jurídica, op. cit., p. 231 e segs; ALEXY, Robert. *Teoría de la argumentación jurídica*, op. cit.; MacCORMICY, Neil. *Legal Reasoning and Legal Theory*. Oxford: Oxford University Press, 1978.

insistência em afirmar que é equivocado sustentar, como querem as teorias da argumentação, a tese de que *easy cases* são resolvidos *dedutivamente*, isto é, são os casos que demandam respostas corretas que não são discutidas.

Há, pois, um equívoco em pensar que exista uma espécie de "institucionalização" de casos fáceis e casos difíceis, como se fosse possível colocar um divisor entre ambos. É como se existissem casos simples e casos difíceis em si, *já de antemão demarcados*. O problema é saber em que momento "a suficiência ôntica", que possibilita a resolução dos casos simples, "exige" o algo a mais, isto é, em que momento essa "falta de sentido" permite que se esteja diante de um caso difícil.

O que as teorias argumentativas em geral não levam em conta é que, antes da explicação causal – elaborada a partir de um raciocínio subsuntivo-dedutivo (*sic*) –, há algo mais originário e que é condição de possibilidade de qualquer explicação causal. Trata-se da pré-compreensão, da antecipação de sentido, em que o horizonte de sentido (pré-juízos) limita o processo de atribuição de sentido. Essa dimensão pré-compreensiva, forjada no mundo prático (faticidade), não é um elemento formal, traduzível por regras de argumentação, por exemplo, como se fosse um caminho para algo. Essa dimensão ocorre em uma totalidade de nossa realidade, a partir da conjunção de múltiplos aspectos existenciais, que fazem parte de nossa experiência (faticidade, modo-de-ser-no-mundo) e são, portanto, elementos a que temos acesso mediante o esforço fenomenológico de explicitação.

Esses elementos existenciais, que conformam nossos pré-juízos e a consciência da história efetual (*Wirkungsgeschichtliches Bewußtsein*), situam-nos para além das explicações causais, pela simples razão de que resultam de uma autocompreensão que não pode ser reduzida – como fazem as teorias discursivas nos casos fáceis – a relações de causa e efeito. O simples objetivismo, resultante de raciocínios causais-explicativos, não subsiste em face da complexidade das relações sociais (são, pois, as contingências).

Ou seja, não se nega que possam existir casos simples; *o problema está no fato de que é impossível uma institucionalização de easy cases e hard cases*. No plano da fenomenologia hermenêutica, mesmo em face de uma "suficiência ôntica" que se expresse em um caso fácil (raciocínio causal-explicativo), já estarão dadas – em face da pré-compreensão – as condições para um "ir além", na direção de um acontecer, isto é, mesmo que o acontecer possa ser dar de forma objetivada, sempre já existe um indicador a partir do qual essa objetivação faz sentido.

Definitivamente, o intérprete não escolhe o sentido que melhor lhe convier. *O intérprete também não escolhe o que seja um caso fácil e um caso difícil.* O resultado da interpretação não é um resultado de escolhas majoritárias e/ou produto de convencionalismos. Insisto: não se trata, evidentemente, de verdades ontológicas no sentido clássico. Claro que não! Os sentidos não estão "nas coisas" e, tampouco, na "consciência de si do pensamento pensante". Os sentidos se dão intersubjetivamente. Consequentemente, na medida em que essa intersubjetividade ocorre *na* e *pela* linguagem, para além do esquema sujeito-objeto, *os sentidos arbitrários estão proibidos/interditados.*

4.2. *Easy cases e hard cases*: do ôntico ao ontológico – uma questão de compreensão, e não de dedução (ou subsunção). A resposta (correta) aos *hard cases*

A discussão travada até aqui proporciona um retorno ao contraponto "regra-princípio", "lei-Constituição", "subsunção-atribuição de sentido", dualismos nos quais estão assentados os problemas oriundos dessa "afirmação decorrente do caráter hermenêutico do direito" e daquilo que está ínsito a essa guinada do papel do direito constitucionalismo do Estado Democrático de Direito: o controle dos atos de jurisdição, isto é, os atos dos intérpretes do direito (controlá-los significa uma aposta hermenêutica).

Inserido no imaginário positivista – em seus vários matizes –, parcela considerável de juristas não percebeu que o direito, (mal) compreendido como conjunto de regras, contenta-se em "abarcar" a realidade de forma ôntica (logos apofântico), a partir da aplicação de raciocínios subsuntivos-dedutivos. Também para os mesmos juristas, os casos que não se enquadram na categoria dos *easy cases* – para eles subsumidos em uma "suficiência ôntica" – são resolvidos mediante a construção de "fórmulas" que venham a dar conta dessa complexidade. Essas "fórmulas" resultam de discursos que, no limite, *pretendem até mesmo substituir o direito pela argumentação.* Disso resulta, inexoravelmente, uma fragilização do grau de autonomia alcançado pelo direito por intermédio da Constituições democráticas surgidas a partir do segundo pós-guerra.

Nesse sentido, é importante lembrar que a produção democrática do direito dispensa o "uso" de uma moral corretiva, como pretendem, por exemplo, algumas teorias argumentativas. Destarte, a discussão alcança o patamar da democracia. Não teria sentido que, nesta quadra da história, depois da superação dos autoritarismos/totalitarismos surgidos no século XX e no momento em que alcançamos esse (elevado) patamar de discussão democrática do direito, viéssemos a "depender" da discricionariedade dos juízes na discussão dos assim denominados *hard cases*. Dito de outro modo, seria substituir a democracia pela "vontade do poder" dos juízes (entendida a "vontade do poder" como o último princípio epocal da modernidade, a *Wille zur Macht*). A produção democrática do direito – que é esse *plus* normativo que caracteriza o Estado Democrático de Direito – é um salto para além do paradigma da filosofia da consciência. É nesse sentido que, ao ser antirrelativista, a hermenêutica filosófica funciona como uma blindagem contra interpretações arbitrárias e discricionariedades e/ou decisionismos por parte dos juízes e tribunais. Mais do que isso, a hermenêutica é, assim, antipositivista, colocando-se como contraponto à admissão de múltiplas respostas defendida pelos diversos positivismos (pensemos, aqui, nas críticas de Dworkin a Hart). Nesse sentido, lembro que a noção de "positivismo" é entendida, neste texto e no restante de minhas obras, a partir de sua principal característica: a discricionariedade, que ocorre a partir da "delegação" em favor dos juízes para a resolução dos casos difíceis (não "abarcados" pela regra).

Ao contrário do direito de matriz positivista (formal-burguês ou liberal-individualista), o novo direito que surge no paradigma do Estado Democrático de Direito trata das transformações sociais, a partir da inserção dos direitos fundamentais como um compromisso do Estado. Pode-se dizer, assim, que esse novo direito constitui um avanço para além das abstrações do positivismo.

Explicando melhor: não se pode negar a tradição representada pela "evolução" do direito. É impossível negar que o direito do modelo liberal-individualista (formal-burguês) estava assentado no modelo de regras. Moral, valores, política, tudo fora retirado do direito. E para tanto, as regras tinham uma determinada função. Os princípios – que eram os "princípios gerais do direito" – tinham a função positivista de "fechar" o sistema jurídico, que explicitavam mais fortemente a prerrogativa de os juízes agirem de forma discricionária (o que levou, de forma inexorável, à decisionismos e arbitrariedades).

Em outras palavras, os valores que haviam sido expungidos do direito pelo positivismo retornam, agora, por intermédio dos princípios constitucionais. Trata-se, portanto, de um direito novado, produzido democraticamente e com uma característica que preserva o seu necessário grau de autonomia. É o que Habermas, corretamente, denomina de cooriginariedade entre direito e moral, afastando-se, por exemplo, quaisquer discursos com pretensões corretivas, fundados na moral.

Para além do causalismo-explicativo de caráter ôntico, o direito produzido democraticamente sob a égide do Estado Democrático vai situar as pretensões, funções e perspectivas de transformação no campo do acontecer de caráter ontológico (não clássico). Daí a questão de fundo para a compreensão do fenômeno: antes de estarem cindidos, há um acontecer que aproxima regra e princípio em duas dimensões, a partir de uma anterioridade, isto é, a condição de possibilidade da interpretação da regra é a existência do princípio instituidor. Portanto, é um algo que antecipa o sentido que deve ser dado ao direito nesta quadra da história.

Ou seja, a regra está "subsumida" no princípio. Mas isso não significa afirmar que as regras dependem dos princípios. E nem estes dependem de outros princípios. O que se quer dizer – e isso parece que não é bem entendido – é que entre regras e princípios há uma diferença, que não é lógico-estrutural. Princípios são textos, como regras são textos. E textos são eventos (e não meramente "enunciados linguísticos").

Assim, quando afirmo que a regra está subsumida no princípio ou que o mundo prático – representado pela dura faticidade (promessas da modernidade incumpridas, mormente em países de modernidade tardia como o Brasil, Argentina, Chile, Peru e Colombia) que engendrou a construção democrática desse especial modelo de direito, que é o do Estado Democrático de Direito – ingressa no direito a partir dos princípios, significa que, em sendo o direito formado por textos jurídicos, cada texto jurídico tem uma motivação, ou seja, o enunciado possui uma motivação (*Jede Aussage ist motiviert*), que não está simplesmente à disposição dos intérpretes do direito. E se o novo constitucionalismo está assentado em preceitos e princípios – e isso já faz parte de uma tradição que se estabelece a partir da segunda grande guerra – não se pode ignorar o papel fenomênico dos princípios constitucionais.

A assim denominada "era dos princípios" representa simbolicamente a ruptura com o modelo de regras. Os direitos humanos-fundamentais-sociais ingressam – enquanto mundo prático – por intermédio da principiologia Mas antes da distinção (que não é a mesma coisa que diferença), há algo que se antecipa, isto é, a questão que sustenta a revolução copernicana proporcionada pelo *ontologische Wendung*, condição de possibilidade para a superação de qualquer dualismo decorrente do esquema sujeito-objeto. Se não há entes desnudos, ou seja, o ente só é (algo enquanto algo) no seu ser, não é possível falar em regras que não digam respeito a algo (não há conceitos em abstrato). Consequentemente, estas regras (que podem ter característica de princípio e vice-versa)[69] somente podem ser compreendidas à luz da diferença entre texto jurídico e o sentido que este texto adquire a partir de sua aplicação (aqui ingressa a faticidade, o modo prático de ser no mundo).

As teorias analíticas e as procedimentais – assim como a distinção (cisão) entre discursos de aplicação e discursos de justificação – chegam tarde nessa operação compreensivo-aplicativa. Em síntese, a diferença entre regra e princípio significa apenas que, nos *easy cases* (utilizando, aqui, argumentativamente, a distinção que a teoria da argumentação faz), a regra apenas encobre o princípio, porque consegue se dar no nível da pura objetivação. Havendo, entretanto, "insuficiência" (*sic*) da objetivação (relação causal-explicativa) proporcionada pela interpretação da regra, surge a "necessidade" do uso dos princípios. Na hermenêutica, entretanto, não surge essa "necessidade" do uso dos princípios como "capas de sentido", justamente em face da diferença e não da distinção (estrutural).

Numa palavra – e permito-me insistir –, é importante notar que essa distinção entre regra e princípio deve ser vista à luz do paradigma hermenêutico, sob pena de não ser compreendida e provocar confusões. Estará equivocado aquele que achar que se trata da distinção obtida pelo "critério forte", que vê nos princípios uma estrutura lógica diferenciada daquela percebida nas regras (dado A deve ser B). Essa "diferença", a rigor, somente será percebida no plano apofântico, quando criamos um mínimo de entificação necessário para transmitir mensagens. Neste plano – e apenas neste – podemos dizer que o princípio (independente da sua forma

[69] A diferença ontológica (*ontologische Differenz*) – por mim trabalhada desde *Verdade e Consenso* (op. cit.) – entre regra e princípio e que supera, portanto, as dimensões decorrentes de distinções semânticas, *não implica* a "transformação de uma regra em um princípio ou vice versa", porque, neste caso, ocorre a entificação da regra ou do princípio. Com isso, perde-se a dimensão hermenêutica (é como transformar um princípio em um "sentido acumulado" de um precedente com pretensão de universalidade) Aqui reside também a questão relacionada à subsunção/dedução: a entificação de uma regra ou de um princípio reduz a discussão da interpretação ao nivel apofântico.

textual), diferentemente das regras, traz consigo a carga de uma filosofia prática, razão pela qual acaba sendo associado aos valores. Os princípios, portanto, representam a tentativa de resgate de um mundo prático abandonado pelo positivismo. As regras, por outro lado, representam uma técnica para a concretização desses valores, ou seja, meios (condutas) para garantir um "estado de coisas" desejado. É por isso, portanto, que a compreensão da regra exige esse "princípio instituidor", sob pena de uma interpretação "alienada". Mas, convém notar, essa distinção somente poderá ser feita no plano apofântico, não cabendo como uma analítica constituidora de sentido. No plano hermenêutico, ocorre uma antecipação de sentido, que se dá antes de qualquer distinção reflexiva (ou analítico constitutiva) entre regras e princípios. Por isso o círculo hermenêutico (*hermeneutische Zirkel*) é condição de possibilidade e não um ornamento para justificar posturas interpretativas.

Distinguir regra e princípio não pode significar que as regras sejam uma espécie de renegação do passado – e de seus fracassos – e nem que os princípios traduzam o ideal da "boa norma". Regra e princípio são textos, de onde se extraem normas. Regras (se se quiser, preceitos) produzidas democraticamente podem/devem, igualmente, traduzir a institucionalização da moral no direito. A distinção regra-princípio não pode significar, assim, maior ou menor grau de subjetividade. Isso é equivocado e proporciona mal-entendidos. Se assim o fosse, os princípios não representariam uma ruptura com o mundo de regras. Mas regras não são "boas" nem "más"; carregam, inegavelmente, um capital simbólico que denuncia um modelo de direito que fracassou: o modelo formal-burguês, com suas derivações que cresceram à sobra do positivismo jurídico. E isso não pode ser olvidado.

É neste contexto que deve ser compreendida a diferença entre regra e princípio, o que não implica dizer que o princípio seja a norma da regra ou que a regra sejam um "ente disperso no mundo jurídico, ainda sem sentido". A diferença é que sempre há uma ligação hermenêutica entre regra e princípio. Não fosse assim e não se poderia afirmar que atrás de cada regra há um princípio instituidor. Esse princípio, que denomino de "instituidor", na verdade, constitui o sentido da regra na situação hermenêutica gestada no Estado Democrático de Direito. Essa é a especificidade; não é um princípio geral do direito, um princípio bíblico, um princípio (meramente) político. No fundo, quando se diz que entre regra e princípio há (apenas) uma diferença (ontológica, no sentido da fenomenologia hermenêutica), é porque regra e princípio se dão, isto é, acontecem no interior do círculo hermenêutico. O sentido depende do outro, a partir desse engendramento significativo.

Em outras palavras, a percepção do princípio faz com que este seja o elemento que termina se desvelando, ocultando-se ao mesmo tempo na regra. Isto é, ele (sempre) está na regra. O princípio é elemento instituidor, o elemento que existencializa a regra que ele instituiu. Só que está encoberto. Insistindo: hermeneuticamente, pela impossibilidade de cindir interpretação e aplicação e pela antecipação de sentido que sempre é condição de possibilidade para que se compreenda, torna-se impossível "isolar" a regra do princípio, isto é, é impossível interpretar uma regra sem levar em conta o seu princípio instituidor. A regra não está despojada do princípio. Ela encobre o princípio pela propositura de uma explicação dedutiva. Esse encobrimento ocorre em dois níveis: em um nível, ele se dá pela explicação causal; noutro, pela má compreensão de princípio, isto é, compreende-se mal o princípio porque se acredita que o princípio também se dá pela relação explicativa, quando ali já se deu, pela pré-compreensão, o processo compreensivo.

Em síntese: há uma essencial diferença – e distinção lógico-estrutural – entre regra e princípio, com o que é necessário chamar a atenção para uma espécie de senso comum que se forma em determinadas matérias. É o caso das (inadequadas) "classificações" entre "distinção fraca" e "distinção forte" que existiriam entre regra e princípio. Com efeito, pela distinção "fraca", os princípios seriam normas com elevado nível de abstração e generalidade, dando azo a uma forte subjetividade do aplicador (veja-se como essa tese é conveniente para a transformação dos princípios do direito em álibis para prática de discricionariedades). Como consequência, dizem os adeptos das teorias argumentativas, as regras não teriam esse grau de abstração, demandando um grau menor – *sic* – de subjetividade. Ora, essa tese é conveniente para firmar a prevalência, em determinadas situações, da regra sobre o princípio. Além disso, esse raciocínio guarda uma conveniência positivista-discricionarista.

Já com relação à distinção forte, os princípios seriam aplicados por ponderação, ao contrário das regras, que seriam aplicadas por dedução/subsunção. Isso seria assim porque os princípios são passíveis de confronto com outros; já as regras, não. Neste caso, há uma tendência em sempre colocar Dworkin como institucionalizador da máxima "a regra se decide no tudo ou nada". No entanto, o que não se diz é que Dworkin, além de estar inserido no sistema da *common law* e tratar da resposta correta é, fundamentalmente, ferrenho inimigo de discricionariedades, caindo por terra, consequentemente, a outra face da distinção, isto é, a aludida "abertura dos princípios".

Mais ainda, Dworkin *não faz a cisão* entre interpretar e aplicar; tampouco admite dedutivismos; em função disso, não se pode colocá-lo na mesma seara, por exemplo, dos adeptos das teorias da argumentação, que aproveitam essa cisão de outro modo; mais ainda, o texto de Dworkin – *The model of rules* – é de 1967 e deve ser lido no contexto da crítica que faz ao modelo de regras de Hart. Desse modo, antes de sustentar uma distinção "lógica" entre regras e princípios (em que regra se definiria no "tudo ou nada") com base em Dworkin, é necessário ter presente que a tese dworkiana deve ser entendida nessa superação da discricionariedade positivista justamente através dos princípios.

Regras devem ser lidas a partir de Dworkin como um contraponto ao dedutivismo, subsunção e, principalmente, a qualquer pressuposto da filosofia da consciência (esquema sujeito-objeto). Esse "contraponto" "regra-princípio" deve ser compreendido a partir da hermenêutica filosófica (embora Dworkin tenha feito referência à obra de Gadamer apenas duas vezes).

Mas as aproximações são múltiplas. Também a tese da "comunidade de princípios" deve ser levada em conta na assim denominada "contraposição" entre regra e princípio. Penso que o estabelecimento das duas distinções (fraca e forte), que, na verdade, são dualismos metafísicos, dá-se *a latere* da distinção dworkiniana. Talvez por isso até mesmo as posturas que pretendem elaborar uma crítica à essa distinção "tradicional" terminam por não superar a dualização, ou seja, embora procurem ultrapassar esse confronto ou dilema "distinção forte-fraca", acabam por autonomizar a regra e o próprio princípio.

Desse modo, mesmo que se procure dizer, por exemplo, que as regras preveem comportamentos finalísticos e terminativos e que os princípios não possuem essa "independência" semântico-significativa, ainda assim estar-se-á "dividindo" (inadequadamente) o direito em dois mundos distintos: *o das regras*, que subsistiriam isoladamente, *e o dos princípios*, que teriam uma função complementar, representada por uma espécie de "reserva de sentido", chamado à colação apenas quando a regra não "resolver" a querela.

No fundo, ocorre, com isso, um retorno à semiótica: quando a sintaxe e a semântica são insuficientes, apela-se à pragmática, onde estariam alojados os "valores". Isso, entretanto, representa uma simplificação do problema da interpretação do direito. De todo modo, na raiz da problemática está uma questão paradigmática, isto é, há que se compreender que, efetivamente, é a "opção" que esse tipo de postura jusfilosófica fez e faz pelo paradigma da filosofia da consciência, acarretando, ao fim e ao cabo, os dualismos que proporcionam tais diagnósticos metodológicos.

Refira-se, por derradeiro, que nada está a indicar esse caráter "de determinação finalístico" das regras e a "abstratalidade" dos princípios. Regras e princípios são constituídas de incertezas significativas (vaguezas e ambiguidades). Princípios podem ter mais "determinação finalística" que determinadas regras (*v.g.*, o princípio da reserva legal, o princípio da ampla defesa, da presunção da inocência, da proibição de *reformatio in pejus*, etc., se comparados com a imprecisão semântica de regras como injusta agressão e fixação do "prazo razoável" da duração do processo, para citar apenas estas). Por isso é que, insisto, entre regra e princípio não existe uma distinção estrutural.

Na teoria da argumentação, por exemplo, ocorre essa cisão entre regra e princípio, circunstância que provoca uma ligação umbilical do problema dos princípios com a também cisão entre casos simples e casos difíceis. Isso pode ser facilmente detectado em Alexy, para quem todos ordenamentos jurídicos possuem um âmbito de abertura, lugar em que se enquadram os casos difíceis, denominados de *hard cases*, para os quais não haverá "regra aplicável". Nesse caso, o juiz se valerá dos princípios (registre-se que os princípios, em Alexy, possuem forte conotação moral, com pretensões "corretivas" do direito).

Pode-se dizer, assim, que o equívoco de Alexy está exatamente na separação entre regra e princípio, porque uma regra não subsiste isoladamente; se assim fosse, o princípio não cumpriria a função de introduzir a razão prática no direito. Ou seja, se assim fosse, a regra cumpriria apenas o papel de "explicação causalista", que, na "insuficiência ôntica" da regra, só então demandaria o uso dos princípios.

Penso que até é possível fazer a distinção entre regra e princípio pela via da relação sujeito-objeto, isto é, pela teoria do conhecimento. Entretanto, essa distinção será apenas de grau, de intensidade; não será, entretanto, uma distinção de base entre regra e princípio. No fundo, o equívoco das teorias da argumentação está em trabalhar com os princípios apenas com uma diferença de grau (regrando os princípios), utilizando-os como se fossem regras de segundo nível (equívoco que se repete ao se pensar que, além dos princípios, existem metaprincípios, metacritérios ou postulados hermenêuticos). Ora, não é possível transformar a regra em um princípio (e vice-versa). A regra jamais será um princípio, pela singela razão de que está em jogo, no princípio, algo mais do que a explicação causalista.

Para essa compreensão, torna-se necessário superar os dualismos próprios da metafísica. Trata-se, assim, não de fundamentar epistemologicamente, mas de compreender (fenomenologicamente). E compreender é aplicar, o que significa dizer que estamos diante de um problema hermenêutico, no sentido de uma teoria da experiência real, que é o pensar. O compreender não é um dos modos do comportamento do sujeito, mas, sim, o modo de ser da própria existência, como ensina Gadamer.

É preciso compreender, assim, que as explicações decorrentes de nosso modo prático de ser-no-mundo (o desde já sempre compreendido, sobre o qual eu não me questiono) são resolvidas no plano ôntico, o que, na linguagem da filosofia da consciência, denomina-se "raciocínio causal-explicativo". Isso é o que as teorias argumentativas denominam de *easy cases*, que, para elas, são resolvidos de forma subsuntiva e dedutiva.

Mas, atenção: esse modo ôntico (causal-explicativo) permanecerá e será aceito como tal se a sua objetivação – que é o modo máximo de agir do ser humano, na feliz expressão de Ernildo Stein – não causar estranheza no plano daquilo que se pode entender como tradição legítima (autêntica, no sentido de Gadamer). Nesse caso, devidamente conformados os horizontes de sentido, a interpretação "desaparece" (no dizer de Gadamer, *das gilt der Sache nach auch dort, wo sich das Verständnis unmittelbar einstellt und gar keine ausdrückliche Auslegung vorgenommen wird*). Em síntese, é quando ninguém se pergunta sobre o sentido atribuído a algo (que, evidentemente, pode ser falso ou verdadeiro).

4.3. O valor da *applicatio* (Gadamer): para além das "suficiências ônticas" das regras

Para exemplificar o que até foi delineado, chamo a atenção para o caso de uma regra jurídica como a do art. 509 do Código Penal da Espanha, punindo todo aquele que *tuviera en su poder ganzúas y otros instrumentos destinados especialmente para ejecutar el delito de robo y no diere descargo suficiente sobre su adquisición o conservación.*

Ninguém discutirá que estará sujeito à penalidade aquele que for detido no pátio de uma casa, em circunstâncias que apontem para o fato de que estava colocando em risco bens jurídicos patrimoniais de terceiros (aqui não se está questionando a liberdade de conformação do legislador, isto é, não se coloca em xeque a escolha dos fins e meios para a punição da conduta e também não se questiona, no plano geral, as políticas de combate aos crimes contra o patrimônio). Também não se discutirá a hipótese do enquadramento no tipo penal daquele que for detido já em plena utilização dos referidos instrumentos, uma vez que os pré-juízos legítimos, que conformam o modo-de-ser no mundo dos juristas, apontam para o sentido – que é trazido pela tradição na qual estamos desde sempre inseridos – do que seja "instrumento próprio para o cometimento de furto", "o significado de proteção à propriedade privada", "crime", "norma jurídica", "teleologia da regra", "função do direito penal", etc. Está-se diante, assim, da resposta adequada para cada uma das hipóteses. Não haverá, portanto, qualquer dificuldade para procurar a resposta, porque, antes disso, já foi encontrada pelo intérprete. Antes de procurar, ele já achou.

Mas essa fusão de horizontes pode se mostrar malsucedida, na hipótese de ocorrer a demanda pela superação das insuficiências do que onticamente objetivamos (esta demanda só ocorre para quem tem condições de identificar os falsos pré-juízos como tais). Sendo mais claro, aqui me refiro às ocorrências do mundo prático que superem a situação ou situações consideradas *standards*, o que implica perguntar: estaria correto dizer que qualquer indivíduo que seja detido transportando instrumentos aptos para cometer furtos e não dê conta dessa posse estaria "subsumido" no aludido tipo penal? Antes de tudo, é possível afirmar que, no âmbito das respostas proferidas a partir de raciocínios causais-explicativos, a simples posse dos instrumentos e o "não dar conta" da aquisição ou "transporte" dos mesmos já seria suficiente para o enquadramento. É o que se chamaria de "caso fácil".

Entretanto – e aqui aparece o problema da distinção entre casos simples e casos complexos –, uma pré-compreensão forjada no paradigma de um direito penal garantista demandará uma resposta que vá além do que "onticamente objetivamos". Mas isso somente ocorre quando a coisa interpela o intérprete, convoca-o a compreendê-la, em face do estranhamento que lhe provoca, o que não acontecerá nos casos em que sequer nos perguntamos acerca das razões pelas quais a resposta é aquela. Trata-se da hipótese de horizontes distintos, que provocará o "choque hermenêutico", que ocorre quando algo estranho ao seu horizonte se lhe apresenta, circunstância que faz com que o intérprete ponha em questão seus pré-juízos (obviamente, se ele tiver condições pré-compreensivas para tal). Como já referido, esse "choque hermenêutico" faz o intérprete estranhar o que lhe era familiar e, ao mesmo tempo, interpela-o para que torne familiar o que lhe surge como estranho (como demonstrarei mais adiante, é quando um *hard case* se transforma em um *easy case*, o que comprova a inadequação hermenêutica de tal distinção).

Pois é nesse exato sentido que deve ser examinado o exemplo anterior, acrescido, agora, desse elemento provocador do estranhamento, isto é, no caso de alguém ser detido na posse de *ganzúas y otros instrumentos destinados especialmente para ejecutar el delito de robo y no diere descargo suficiente sobre su adquisición o conservación*, em plena via pública, em decorrência de uma blitz feita pela polícia. Parece que, aqui, emerge claramente a "insuficiência da regra", isto é, no caso em tela, está-se diante de uma fusão de horizontes que não encontra guarida na mera objetivação. Está-se, assim, diante de uma demanda significativa que só pode ser atendida a partir da compreensão da dupla estrutura da linguagem.

Estando o intérprete inserido em uma tradição autêntica (legítima) do direito, em que os juristas reintroduzem no mundo jurídico o mundo prático sequestrado pela regra (para utilizar apenas estes componentes que poderiam fazer parte da situação hermenêutica do intérprete), a resposta correta advirá dessa nova fusão de horizontes, envolvendo a principiologia constitucional.

O caso concreto demanda uma série de análises, que ultrapassam o raciocínio causal-explicativo, buscando no *ethos* principiológico a fusão de horizontes demandada pelo estranhamento que provoca essa nova situação. Antes de qualquer outra análise, deve-se sempre perquirir a compatibilidade constitucional da regra jurídica com a Constituição e a existência de eventual antinomia. Deve-se sempre perguntar se, à luz dos princípios e dos preceitos constitucionais, a regra jurídica é aplicável à hipótese (ao caso). Mais ainda, há que indagar: em que sentido aponta a pré-compreensão, condição para a compreensão do fenômeno? *In casu*, é lícito que o Estado lance mão da responsabilidade objetiva no direito penal? O direito penal é compatível com a punição de condutas em que não esteja comprovado o risco de um bem jurídico concreto? No Estado Democrático de Direito, o papel da teoria do bem jurídico não aponta para novas direções?

A resposta adequada (correta) foi dada pelo Tribunal Constitucional espanhol, através da sentença nº 105/88, dando como contrária ao *art. 24.2. da Constituição (princípio da presunção da inocência),* qualquer interpretação do referido tipo penal que viesse a castigar tão somente a posse de instrumentos idôneos, isto é, *"en cuanto se interprete que la posesión de instrumentos idoneos para ejecutar el delito de robo presume que la finalidad y el destino que les da su poseedor es la ejecución de tal delito"*. Tratou-se, pois, de uma declaração de inconstitucionalidade sem redução de texto *(Teilnichtigerklärung ohne Normtextreduzierung),* embora, a ela, o Tribunal não tenha feito menção explícita.

Entendeu acertadamente o Tribunal espanhol que, *sem a prova da possibilidade de efetivo dano, não se pode punir*. A presunção de que alguém vai cometer um furto, pelo fato de estar portando instrumentos próprios para tal, *não é razão suficiente para o enquadramento no tipo penal*. Meras condutas não podem ser punidas; tampouco se pode punir alguém com base em presunções. Trata-se, assim, de um argumento de princípio (lembremos Dworkin), que pode ser utilizado em circunstâncias posteriores.

Eis aqui, pois, a diferença entre uma análise linear, rasa, como se a linguagem não tivesse uma dupla estrutura, e uma análise elaborada a partir dessa "demanda significativa" decorrente de um choque hermenêutico entre o standard ôntico-causal e a complexidade compreensivo-ontológica. Não se interpreta somente textos, porque no aparecer positivado já se esconde o elemento estruturante da compreensão, o que somente nos é proporcionado pelos nossos pré-juízos verdadeiros.

O senso comum teórico faz com que não nos demos conta dessa dupla estrutura da linguagem, e que aquilo que não se mostra (que fica escondido sob a regra positivista) está apenas encoberto. É nesse espaço "significativo" que se encaixam os assim denominados "casos fáceis", resolvidos a partir de um horizonte de sentido não questionado (que os adeptos das teorias argumentativas denominam de raciocínio dedutivo), em que os participantes se movem no plano do senso comum. Nessa realidade pré-estruturada simbolicamente é que se movem os indivíduos a partir dos pré-juízos inautênticos, forjados a-paradigmaticamente, ficando impedidos de compreender aquilo que vai além – as demandas significativas do que se denomina de "casos difíceis" – desse horizonte não problematizado.

Essa dobra da linguagem, em que há o *como* apofântico e o *como* hermenêutico, aponta para a impossibilidade (hermenêutica) de cindir casos fáceis e casos difíceis, *uma vez que a resolução dos casos fáceis encontra-se no nível do universo não questionado.* O que as teorias discursivas não "dominam", ou seja, o que não pode ser controlado por um discurso de adjudicação, é o que vai além, isto é, são os limites do sentido que vão determinar a compreensão das demandas de casos não *standard*.

A circunstância de estar refém de um universo significativo limitado por um determinado nível de pré-juízos é que determina a permanência do intérprete no plano das explicações causais, "satisfazendo-se" com ela. O senso comum proporciona a "simplificação" do mundo jurídico, através do qual o jurista se "socializa" e interpreta o direito.

A partir disso, é possível estabelecer determinados padrões interpretativos – que denomino de generalizações hermenêuticas minimamente necessárias –, tendo-se presente essa dupla estrutura da linguagem. Veja-se, nesse sentido, o art. 16 da Lei nº 10.826/03 (Lei de Armas do Brasil), que especifica que os atos de "portar", "transportar" ou "guardar" arma sem registro e sem licença constituem crime punível com pena de dois a quatro anos de prisão. A aplicação *tabula rasa* do dispositivo (raciocínio causal-explicativo) acarreta problemas de índole constitucional. Aqui, a reconstrução do direito e a integridade entendida como uma comunidade de princípios (Dworkin) aponta para uma análise acerca das garantias penais do cidadão, isto é, o exame de como o direito penal trata dos demais tipos. Não esqueçamos que, para Dworkin,[70] o princípio da integridade está umbilicalmente ligado com a democracia, exigindo que os juízes construam seus argumentos de forma integrada ao conjunto do direito. Trata-se de uma garantia contra arbitrariedades interpretativas. A integridade limita a ação dos juízes; mais do que isso, coloca efetivos freios, através dessas comunidades de princípios, às atitudes solipsistas-voluntaristas. *A integridade é uma forma de virtude política.*

No caso sob comento, surgem, assim, várias indagações, como: o princípio da presunção da inocência permite que outras condutas delituosas (outros crimes) sejam punidas sem a necessidade de comprovação de efetiva violação de bem jurídico? É lícito que o Estado puna alguém que esteja portando uma arma sem munição ou que tenha uma arma guardada em sua casa, *sem que esteja demons-*

[70] Cf. DWORKIN, Ronald. *Law's Empire*, op. cit.

trada a violação de um bem jurídico específico (concretamente demonstrado)? O que fazer na hipótese de um campesino preso portando uma velha espingarda (de caça ou não), no caminho entre sua casa e a lavoura?

Tudo está a indicar que também aqui é aplicável a filtragem hermenêutico-constitucional da qual se tratou no exemplo do dispositivo do Código Penal espanhol. Trata-se de aplicar, *mutatis mutandis*, aquilo que no direito português se denomina de *decisão redutiva*. Ou, melhor ainda, na acepção de Jean-Claude Béguin, trata-se de "anulação parcial qualitativa" (quando a norma, no seu conjunto, não deve ser aplicada a certa situação, por tal aplicação ser inconstitucional).[71]

Vê-se, assim, que toda resposta correta é necessariamente uma resposta adequada a Constituição. Uma norma – que é sempre o produto da interpretação de um texto (que, por sua vez, é sempre evento) – somente é válida se estiver de acordo com a Constituição. Portanto, o intérprete deve, antes de tudo, compatibilizar a norma com a Constituição, conferindo-lhe a totalidade eficacial. Para tanto, tem a sua disposição um universo de possibilidades para compatibilizar a norma com a Constituição, a partir das diversas sentenças interpretativas, que vão desde a interpretação conforme (*verfassungskonforme Auslegung)* até a nulidade parcial sem redução de texto (*Teilnichtigerklärung ohne Normtextreduzierung)*, passando pelo apelo ao legislador (*Appelentscheidung*); enfim, os diversos recursos hermenêuticos que a tradição nos legou.

Por isso, todo ato interpretativo (portanto, aplicativo) é ato de jurisdição constitucional. Mesmo quando o problema parece estar resolvido mediante a aplicação da regra, deve, o intérprete verificar se o princípio que subjaz à regra não aponta em outra direção.

Os casos analisados demonstram a importância de se "desconfiar" da "suficiência ôntica" proporcionada pela regra. A resposta correta deve decorrer de um aprofundado exame constitucional, em que os princípios desnudam as insuficiências da regra. Evidentemente que, quando me refiro à "insuficiência da regra", estou lançando mão da discussão tradicional acerca da distinção estrutural (ou cisão) entre regra e princípio.

[71] Ver, na mesma linha, o processo nº 70009228594-5ª Câmara Criminal – TJRS, em que lancei parecer assim ementado: "Porte (ilegal) de arma. – Hipótese de vigilante que transportava arma de fogo em seu automóvel, com o objetivo de verificar a ocorrência de possível ilícito em área de sua responsabilidade. Ausência de porte e registro da arma. *Ausência de danosidade social na conduta.* Atividade lícita, em que pese o caráter informal. Aplicação da técnica da nulidade parcial sem redução de texto (*Teilnichtigerklärung ohne Normtextreduzierung*)".

Essa resposta *correta* de que falo se dá em uma síntese hermenêutica, não a partir de uma "operação" epistemo-procedural, e, sim, fenomenologicamente. Esse sentido deve ser entendido como um sentido possibilitado pela coisa que se quer interpretar, isto é, não é um sentido forjado pela subjetividade (solipsista) do intérprete e alheio à "coisa mesma" (*Sache selbst*), mas é algo convalidado na relação coisa-intérprete.

Por isso, sentido verdadeiro (correto) não é sentido esgotado, último e definitivo. No exemplo da regra que criminaliza a posse de gazuas e outros instrumentos para cometer furtos, a reconstrução e a integridade do direito a partir de uma comunidade de princípios exsurgirá da tradição legítima exsurgente do Estado Democrático de Direito, que aponta para a prevalência dos princípios constitucionais, que redefinirão o sentido do texto aplicável, possibilitando-se, inclusive, uma interpretação que *impeça* a aplicação da regra sem o exame da potencial violação de bens jurídicos, *além de garantir a validade do princípio para situações futuras*, impedindo a violação de direitos fundamentais. Lembremos, aqui, o princípio da integridade e coerência do direito, o que significa dizer que, em casos semelhantes, deve-se proporcionar a garantia da isonômica aplicação principiológica.

Portanto, mais do que proporcionar a resposta correta para aquele caso concreto, a jurisdição constitucional permite que, mediante uma sentença redutiva ("a lei *x* é inconstitucional se aplicada à hipótese *y*"), desde que dotada de efeito *erga omnes*, se possa proteger os demais cidadãos contra a aplicação abusiva do direito penal (violação do princípio da presunção da inocência e o uso do direito penal sob o manto da responsabilidade objetiva, o que é incompatível com o Estado Democrático de Direito).

A resposta não advirá da subjetividade do intérprete alheia ao caso sob exame, nas suas especificidades. A interpretação se faz *ex parte principio* (constitucional), e não *ex parte principe* (aqui entendido como o sujeito solipsista).

Isso exsurge da compreensão e do sentido que se tem do papel dos princípios na interpretação do direito. Os princípios funcionarão como uma blindagem contra discricionariedades ou arbitrariedades, apontando o *modus* operativo que deve ser seguido pelo intérprete, buscando, assim, a coerência e a integridade do direito (antítese das posturas axiologistas-decisionistas).

A interpretação parte de outras interpretações. Da parte para o todo e do todo para a parte, colocando em xeque os pré-juízos não verdadeiros. Compreendendo os pré-juízos como pré-juízos, a interpretação sofre uma contínua transformação, a partir do próprio material que a conformou desde o início.

Esse "processo" implica a máxima força dos princípios, em que, por vezes, a coerência soçobra diante da integridade, até porque a integridade – que também é um princípio – exige que as normas públicas da comunidade sejam criadas e vistas, na medida do possível, de modo a expressar um sistema único e coerente de justiça e equidade na correta proporção, diante do que, por vezes, a coerência com as decisões anteriores será sacrificada em nome de tais princípios.[72]

Entenda-se, aqui, a importância das decisões em sede de jurisdição constitucional, pelo seu papel de proporcionar a aplicação em casos similares (por exemplo, o princípio da presunção da inocência inibindo a utilização da responsabilidade objetiva no direito penal, não só naquele caso concreto, mas em favor de todos os cidadãos). Haverá coerência se os mesmos princípios que foram aplicados nas decisões o forem para os casos idênticos; mas, mais do que isso, estará assegurada a integridade do direito a partir da força normativa da Constituição.

O direito como integridade coloca limites à subjetividade do juiz; ele não se encontra frente a um objeto, como se esse objeto estivesse à sua disposição (do mesmo modo que a linguagem não é uma terceira coisa que se interpõe entre o sujeito e o objeto); ele faz parte do objeto a ser discutido.

O juiz deve proferir a sua decisão seguindo as regras do jogo; caso contrário, já não teremos um jogo com regras próprias, mas sim, o jogo da discricionariedade do juiz.[73] Deve decidir com argu-

---

[72] Ver, para tanto, DWORKIN, Ronald. *Law's Empire*, op. cit., cap. VI.

[73] Nesse ponto, compactuo totalmente com o posicionamento de Tomás-Ramón Fernández, que se apresenta como um crítico contumaz da discricionariedade judicial: "... el juez no tiene la discrecionariedad a la hora de seleccionar la norma aplicable, ni de fijar su concreto alcance, ni la tiene tampoco, por lo que respecta al tema del que ahora se trata, para elegir entre la version de los hechos que le ofrezca el demandante o la acusación y la version contrapuesta que le presenten el demandado o el acusado o cualquiera outra situada entre ambas. El juez no es libre em absoluto de elegir si existe o no relación entre los médios de prueba utilizados por las partes y los hechos sobre los que se dicute, ni tampoco si um hecho debe o no considerarse probado, ni para escojer entre los que efectivamente lo hayan sido aquellos que realmente sean relevantes para la decisión de la controvérsia, ni para dar una relevância u outra distinta a los escogidos, ni para pasar o no de um dato de hecho de posible eficacia probatoria que no es en si mismo constitutivo del *thema probandum* a outro distinto que es el que se trata de demostrar que efectivamente se há producido, etc., etc., como, desde luego, lo es para designar defensor del menor a cualquier pariente o a um extraño, para elegir las medidas cautelares que considere convenientes o para moderar la naresponsabilidad del mandatário o la deuda

mentos de princípio, e não de política. A participação do intérprete na prática social é que permite a compreensão das alterações de sentido e o seu "confronto" com falsos pré-juízos.

Melhor dizendo: não há grau zero na atribuição de sentido. O intérprete deve estar atento à tradição (e à sua autoridade), compreender os seus pré-juízos como pré-juízos, promovendo uma reconstrução do direito, perscrutando de que modo um caso similar vinha sendo decidido até então, confrontando a jurisprudência com as práticas sociais que, em cada quadra do tempo, surgem estabelecendo novos sentidos às coisas e que provocam um choque de paradigmas, o que sobremodo valoriza o papel da doutrina jurídica e a transdisciplinariedade do direito. Como bem diz Gadamer, a compreensão alcança suas verdadeiras possibilidades quando as opiniões prévias com as que se inicia não são arbitrárias.[74]

Em outras palavras, para voltar aos exemplos, não importa, para o direito, as opiniões pessoais que o intérprete (juiz, tribunal, etc.) tenha a respeito de furtos, porte de armas, cães, etc. Dito de outro modo, não importam, para o direito, as opiniões pessoais do intérprete (juiz, promotor de justiça, ministro de tribunal). Não é de sua subjetividade que deve advir o sentido a ser atribuído à lei. *Há uma (profunda) responsabilidade política nas decisões.*

Daí o acerto de Rodolfo Arango, ao dizer que os limites da atividade judicial *não residem nas virtudes pessoais do juiz,*[75] mas, sim, na sujeição às regras do discurso prático geral e na concordância com

---

generada por um juego o apuesta lícito". Cf. FERNÁNDEZ, Tomás-Ramón. *Del arbitrio y de la arbitrariedad judicial.* Madrid: Iustel, 2005, p. 93.

[74] GADAMER, Hans-Georg. *Wahrheit und Methode, Grundzüge einer philosophischen Hermeneutik. I.* Tübingen: Mohr, 1990, p. 272.

[75] Um importante lembrete: a crítica à discricionariedade judicial não é uma "proibição de interpretar". Ora, interpretar é dar sentido (*Sinngebung*). É fundir horizontes. E direito é um sistema de regras e princípios, "comandado" por uma Constituição. Que as palavras da lei (*lato sensu*) contêm vaguezas e ambiguidades e que os princípios podem ser – e na maior parte das vezes são – mais "abertos" em termos de possibilidades de significado, *não constitui nenhuma novidade.* O que deve ser claro é que a aplicação desses textos (isto é, a sua transformação em normas) não depende de uma subjetividade assujeitadora (esquema sujeito-objeto), como se os sentidos a serem atribuídos fossem fruto da vontade do intérprete, como que a dar razão a Kelsen, para quem *a interpretação a ser feita pelos juízos é um ato de vontade* (*sic*). O "drama" da discricionariedade aqui criticada é que esta transforma os juízes em legisladores. E mais do que transformar os juízes em legisladores, o "poder discricionário" propicia a "criação" do próprio objeto de "conhecimento", típica problemática que remete a questão ao solipsismo próprio da filosofia da consciência (e/ou de suas vulgatas voluntaristas) no seu mais exacerbado grau. Ou seja, concebe-se a razão humana como "fonte iluminadora" do significado de tudo o que pode ser enunciado sobre a realidade. As coisas são reduzidas aos nossos conceitos e às nossas concepções de mundo. As "coisas" ficam à *dis*-posição de um protagonista (no caso, o juiz, enfim, o Poder Judiciário).

os princípios e valores substantivos previstos no direito[76] (questão que assume especial relevância nos ordenamentos que incorporam princípios substantivos ou materiais, transformando em obrigação jurídica a sua realização).

4.4. Porque cada caso – que não é fácil nem difícil – possui uma "dobra"

O problema de um "caso" ser fácil (*easy*) ou difícil (*hard*) não está nele mesmo, mas na possibilidade – que advém da pré-compreensão do intérprete – de se compreendê-lo. Fosse possível distinguir/cindir (*a priori*) casos fáceis e casos difíceis, chegar-se-ia à conclusão de que os casos seriam fáceis para determinados intérpretes e difíceis para outros...! A questão – vista de outro modo – é: *fácil ou difícil para quem?*

Portanto, há algo anterior à distinção: trata-se de uma "dobra hermenêutica" que cada caso possui, assim como ocorre com a linguagem (aliás, um caso só vem à compreensão através da linguagem, porque – e não devemos esquecer – *texto é evento*). Ou seja, uma "suficiência ôntica" pode até "explicar" um caso simples para um intérprete. Entretanto, esse mesmo caso pode permanecer como complexo para outro.

Consequentemente, a distinção entre casos fáceis e difíceis está na compreensão, portanto, *nas condições de possibilidades que o intérprete possui de entender os pré-juízos*. Se está na compreensão, então dependerá de uma pré-compreensão, que *antecede* a "designação" de ser um caso fácil ou difícil. Daí a absoluta inadequação de se dizer que os casos fáceis se "resolvem" mediante raciocínios dedutivos (causais explicativos).

Aqui, uma especial atenção sobre a expressão "pré-compreensão" (*Vorverständnis*): não se deve confundir pré-juízos no sentido de que fala Gadamer com preconceitos no sentido vulgar. Pré-juízos estão ligados à *Vorverständnis* (pré-compreensão). Opiniões, subjetividades, ideologias são preconceitos em sentido vulgar. Gadamer não trata desses preconceitos. Portanto, é equivocado pensar que pré-compreensão é equivalente à subjetividades ou ideologias. Isso jogaria a hermenêutica nos braços do relativismo. Explicando melhor: não são raros os autores que cometem o equívoco de tachar

[76] ARANGO, Rodolfo. *Hay respuestas correctas en el derecho*? Bogotá: Siglo del Hombre, 1999, p. 157.

a hermenêutica filosófica, nos termos propostos nesse texto, de relativista. Um desses críticos é Daniel Sarmento,[77] para quem a hermenêutica é irracionalista por apostar na pré-compreensão como limite para o decisionismo judicial, uma vez que, segundo ele, em uma sociedade plural e fragmentada – como a brasileira, por exemplo – coexistem múltiplas visões de mundo disputando um mesmo espaço. Propõe então o autor não o abandono da pré-compreensão na hermenêutica constitucional, mas a sua "filtragem" por meio de uma racionalidade crítica que tome como premissa a ideia de todos os indivíduos merecem ser tratados como livres e iguais. Sarmento olvida-se do fato de que a hermenêutica filosófica não comporta "regionalismos" (como, por exemplo, "hermenêutica constitucional") justamente por ser *filosofia*, razão pela qual não admite modos diferentes de interpretar (seja o direito civil, o direito penal, constitucional, etc.), sendo justamente neste ponto que reside o caráter de universalização da hermenêutica, e não de "regionalização". Ademais, a crítica de Sarmento parece não compreender um dos pontos nodais da proposta da hermenêutica filosófica: a existência de dois vetores de racionalidade, um apofântico e outro hermenêutico, que radica na distinção entre compreender e entender, sendo o primeiro de nível hermenêutico-estruturante e o segundo de nível lógico-argumentativo. Por fim, Sarmento não compreende que o rechaço do método pela hermenêutica filosófica não traduz ausência de racionalidade. Pelo contrário, *exatamente porque o método* (no sentido objetivista da palavra) *morreu é que, agora, exige-se maior cuidado no controle de interpretação*. Frise-se: "o método morreu porque morreu a subjetividade que sustentava a filosofia da consciência (*locus* do sujeito solipsista – *Selbstsüchtiger*). Ora, o método soçobra diante da superação do esquema sujeito-objeto. *Método não é sinônimo de racionalidade*. Longe disso! E nem é necessário lembrar que a obra *Verdade e método* pode (ou deve) ser lida como verdade *contra* o método, o que significa admitir a possibilidade de verdades conteudísticas (não apodídicas, é claro)".

É por estas razões que é possível dizer que os assim denominados *easy cases* e *hard cases* são produtos do superado esquema sujeito-objeto. Portanto, entender que haja uma cisão entre *easy* e *hard*

[77] Cf. SARMENTO, Daniel. Interpretação constitucional, pré-compreensão e capacidades institucionais do intérprete. In: SOUZA NETO, Claudio P.; SARMENTO, Daniel; BINEMBOJN, Gustavo (orgs.). *Vinte anos da Constituição Federal de 1988*. Rio de Janeiro: Lumen Juris, 2009, p. 311 e ss. Veja-se que Sarmento reincide no mesmo erro em obra publicada recentemente em coautoria com Cláudio Pereira de Souza Neto (SARMENTO, Daniel; SOUZA NETO, Cláudio Pereira de. *Direito constitucional*: teoria, história e métodos de trabalho. Belo Horizonte: Fórum, 2012. p. 419).

cases é incorrer no paradigma da filosofia da consciência (e/ou em suas vulgatas). No fundo, a aludida cisão pretende simplificar o mundo jurídico. Coloca-se no lado "fácil" da linguagem. Dito de outro modo, é quando a "explicação causalista" se mostra suficiente para resolver a querela.

De todo modo, vale a observação: se é verdade que existe uma tradição ilegítima que conforma o *modus* interpretativo dos operadores do direito – pelo qual ainda se crê na *plenipotenciariedade da regra*, na equiparação (metafísica) entre texto e norma, entre vigência e validade, e no qual ainda se acredita, de um lado, na possibilidade da busca de essências (vontade da norma, espírito do legislador, para dizer o menos) e, de outro, na direção inversa, crê-se em uma espécie de livre atribuição de sentidos – também é verdade que há uma tradição legítima, conformada a partir do novo constitucionalismo e das posturas pós-positivistas, que apontam para a superação dos modelos exegéticos-positivistas, ainda assentados em raciocínios subsuntivos. É nesse universo – de avanços e retrocessos – que se colocam os pré-juízos (legítimos ou ilegítimos) conformadores da capacidade de compreensão dos juristas.

O domínio dos pré-juízos forjados no senso comum dos juristas, pelo qual a "realidade social" (o mundo prático) é deixada de lado na análise da regra (não esqueçamos que o positivismo busca construir conceitos prévios para serem aplicados independentemente da "coisa"), impede o acontecer da singularidade do caso.

Os pré-juízos, se não forem percebidos enquanto tais, ensurdecem o intérprete para a coisa de que fala a tradição, o que faz com que a atividade interpretativa se transforme em um *habitus*, em uma atividade acrítica, como se a aplicação do direito fosse um mero exercício de dedução do universal ao empírico.

É por tais razões que venho insistindo na tese de que é inadequado separar/cindir *easy cases de hard cases*, assim como é inadequado fazer a cisão entre regras e princípios.

5. É importante ainda discutir a diferença entre *voluntas legis* e *voluntas legislatoris*?

5.1. Considerações propedêuticas

Muito se tem discutido acerca das teses da *voluntas legis versus voluntas legislatoris*. Têm-se perguntado os juristas de todos os escalões: afinal, o que vale mais: a vontade da lei ou a vontade do legislador? Tem importância saber/descobrir o que é que o "legislador" quis dizer ao elaborar o texto normativo? Qual era a sua intenção? É possível descobrir "a vontade da lei"? Pode uma norma "querer" alguma coisa? É possível descobrir o "espírito" de uma lei? Muito embora existirem, como veremos, defensores de ambos os lados, na grande maioria das vezes a adesão a uma corrente ou a outra é feita de maneira *ad hoc*, ocorrendo, frequentemente, uma imbricação entre ambas.

Observe-se que, de certo modo, o conteúdo do art. 111 do Código Tributário Nacional (*re*)ascende a controvérsia acima, além de, por consequência, dar azo ao velho debate entre objetivistas e subjetivistas. Vejamos o que diz o aludido dispositivo legal:

> interpreta-se *literalmente* a legislação tributária que disponha sobre: I – suspensão ou exclusão do crédito tributário; II – outorga de isenção; III – dispensa do cumprimento de obrigações tributárias acessórias.

Afinal, *o que é interpretar um texto na sua literalidade*? Tércio Ferraz Jr.[78] critica o dispositivo, dizendo que "o método literal, gramatical ou lógico-gramatical é apenas o início do processo interpretativo, que deve partir do texto. Tem por objetivo compatibilizar a letra com o espírito da lei. Depende, por isso mesmo, das próprias concepções linguísticas acerca da adequação entre pensamento e linguagem".

[78] Cf. FERRAZ JR., Tércio Sampaio. *A ciência do Direito*. São Paulo: Atlas, 1980, p. 76.

Já Paulo de Barros Carvalho[79] assevera que "o desprestígio da chamada interpretação literal, como critério isolado da exegese, é algo que dispensa meditações mais sérias, bastando arguir que, prevalecendo como método interpretativo do Direito, seríamos forçados a admitir que os meramente alfabetizados, quem sabe com o auxílio de um dicionário de tecnologia, estariam credenciados a descobrir as substâncias das ordens legisladas, explicitando as proporções do significado da lei. O reconhecimento de tal possibilidade roubaria à Ciência do Direito todo o teor de suas conquistas, relegando o ensino universitário, ministrado nas faculdades, a um esforço inútil, sem expressão e sentido prático de existência".

De todo modo, é importante lembrar que essa discussão acerca da "literalidade" tem relação com o velho debate entre "lei" e "direito", "texto" e "norma" (na contemporaneidade). Na verdade, os juristas em geral costumam se apegar à literalidade quando esta lhes é "útil". Logo, a discussão é meramente retórica. Ora, é irrelevante discutirmos a "literalidade", até porque esbarraríamos na seguinte questão: devemos sempre buscar o conteúdo "literal"? Ou somente quando nos interessa? E o que é isto – a literalidade? O que é isto – o texto jurídico? Em face da vagueza e da ambiguidade que cerca a linguagem, de que modo é possível sustentar o discurso jurídico numa pretensa literalidade?

A partir de textos como Hermenêutica Jurídica e(m) Crise,[80] somente pode(re)mos discutir "literalidades" se estivermos conscientes da situação hermenêutica que ocupamos: o constitucionalismo do Estado Democrático de Direito. *E nos lembrarmos que a discussão sintático-semântica ficou para trás*. Para a hermenêutica de cariz filosófico é irrelevante discutir simplesmente "textos", pela simples razão de que, como já bem lembrava Gadamer, "textos são eventos"[81] ou, como diz Stein, "textos são fatos".[82] Não há "conceitos" sem "coisas"!

De início, é importante anotar que a questão que se coloca a partir da discussão entre objetivistas e subjetivistas pode ter um enquadramento diverso no âmbito da Teoria do Direito. Isso se dá pelo fato de que os recortes teóricos e as diversas intenções que

[79] Cf. CARVALHO, Paulo de Barros. *Curso de Direito Tributário*. São Paulo: Saraiva, 1985, p. 56.

[80] Cf. STRECK, Lenio Luiz. *Hermenêutica Jurídica e(m) Crise*. 11. ed. Porto Alegre: Livraria do Advogado. 2014, em especial o capítulo 5.

[81] Cf. GADAMER, Hans-Georg. *Verdade e Método I*. Petrópolis: Vozes, 1998, p. 484.

[82] Cf. STEIN, Ernildo. *Aproximações sobre hermenêutica*. 2. ed. Porto Alegre: Edipucrs, 2004, p. 111.

movem os autores podem levar a formas distintas de apresentação da questão.

No caso específico das questões hermenêuticas, o problema objetivismo *versus* subjetivismo está ligado intimamente aos paradigmas filosóficos da filosofia clássica (ou realismo filosófico) e da filosofia da consciência. Esses paradigmas atuam de forma subterrânea e acabam por condicionar a interpretação oficial do direito professada em uma determinada época por um determinado grupo de teóricos. Entretanto, vai aqui uma advertência: quando me refiro ao objetivismo na interpretação ou ao subjetivismo interpretativo, não estabeleço relações intertemporais com a clássica dicotomia objetivismo-subjetivismo representado pelo debate que se estabeleceu a partir do século XIX acerca da vontade da lei *versus* vontade do legislador.

5.2. Objetivismo e subjetivismo na perspectiva da doutrina jurídica brasileira

A polêmica "intenção do legislador" *versus* "vontade da lei" também suscita debates no âmbito da operacionalidade do Direito. Quando os juristas tratam do artigo 111 do Código Nacional Tributário, estão entendendo que a ideia matriz do referido dispositivo está assentada na preservação da intenção do legislador ou da vontade da lei?

Este problema vai além do direito tributário. No direito penal, podemos elencar outros exemplos de doutrina ainda ligada à dicotomia *objetivismo vs subjetivismo*, como, por exemplo, Rogério Greco,[83] segundo o qual é possível subdividir a interpretação em: a) objetiva (*voluntas legis*); b) subjetiva (*voluntas legislatoris*), sendo que, por meio da chamada interpretação objetiva, busca-se descobrir a suposta vontade da lei; ao contrário, com a interpretação subjetiva procura-se alcançar a vontade do legislador.

No âmbito do processo penal, Tourinho Filho sustenta que:

> Quando o intérprete se serve das regras gerais do raciocínio para compreender o espírito da lei e a intenção do legislador, fala-se de interpretação lógica ou teleológica, porquanto visa precisar a genuína finalidade da lei, a vontade nela manifestada. Poder-se-á aplicar o disposto no § 2º do art. 155 do CP, se houver um furto qualifi-

[83] Cf. GRECO, Rogério. *Curso de direito penal*: parte geral. vol. I. 12. ed. Rio de Janeiro: Impetus, 2010, p. 31-32.

cado, e a *res furtiva* for de pequeno valor e o agente primário? Se formos procurar a vontade manifestada na norma, concluiremos pela negativa.[84]

Disso não difere a doutrina do direito do trabalho:

De fato, não há como se pesquisar o 'pensamento contido na lei', a *mens legis* ou *ratio legis* (utilizando-se, pois, do método lógico), sem se integrar o texto interpretado no conjunto normativo pertinente da ordem jurídica (valendo-se, assim, do método sistemático) e avançando-se, interpretativamente, na direção do encontro dos fins sociais objetivados pela legislação em exame (fazendo uso do método teleológico, portanto).[85]

Em setores do direito constitucional, persiste a dicotomia, frente aos métodos "tradicionais" de interpretação. Veja-se como o autor a seguir simplifica a discussão:

Os métodos convencionais [*histórico, literal, etc.*] nem sempre realizam a vontade da constituição. Aplicados no bojo do silogismo tradicional, em que o juiz subsume os fatos à norma, não prestigiam os processos abertos de argumentação, porque surgiram numa época em que as constituições não eram como as de hoje: grandes, repetitivas, cheias de detalhes e valores conflitivos, muitos dos quais impróprios para documentos supremos que se pretendem duradouros. (...) Ora, nas constituições contemporâneas é preciso o intérprete ir além, investigando as entrelinhas da *lex legum*, pois o mero ato de revelar o conteúdo preexistente na norma constitucional, sem qualquer criatividade, nem sempre é capaz de realizar, finalisticamente, a vontade de cartas constitucionais prolixas, confusas, repetitivas e enormes, como a brasileira de 1988".[86]

O debate permanece não aprofundado em obras de introdução ao direito e formação humanística, como é o exemplo de Maria Helena Diniz, que afirma que a ideia de *mens legislatoris* é uma ficção pelo fato de as leis serem produzidas em grupo,[87] embora persista a ideia de uma vontade objetiva presente na lei.[88] Na mesma linha, Franco Montoro, que afirma:

A interpretação é declarativa quando se limita a declarar o pensamento expresso na lei, sem ter necessidade de estendê-la a casos não previstos ou restringi-la mediante a exclusão de casos inadmissíveis. É o tipo mais comum de interpretação, pois o pressuposto normal é de que o legislador saiba expressar-se convenientemente.[89]

---

[84] TOURINHO FILHO, Fernando. *Processo Penal*. 20. ed. São Paulo: Saraiva. 1998, p. 168.

[85] DELGADO, Maurício Godinho. *Curso de Direito Trabalho*. 9. ed. São Paulo: LTr, 2010, p. 217.

[86] Cf. BULOS, Uadi Lammêgo. *Curso de Direito Constitucional*. 5. ed. São Paulo: Saraiva. 2010, p. 443-444.

[87] Cf. DINIZ, Maria Helena. *Compêndio de Introdução à Ciência do Direito*. 12. ed. São Paulo: Saraiva, 2000, p. 420.

[88] Idem, ibidem., p. 430.

[89] MONTORO, André Franco. *Introdução à Ciência do Direito*. 25. ed. São Paulo: Revista dos Tribunais, 2000, p. 374.

Em Ferraz Jr., esse debate recebe um tratamento mais sofisticado. Para ele, embora as duas correntes não possam ser distinguidas com grande nitidez, didaticamente podem ser separadas, conforme o reconhecimento da vontade do legislador (doutrina subjetivista) ou da vontade da lei (doutrina objetivista) como sede do sentido das normas. A primeira insiste em que, sendo a ciência jurídica um saber dogmático (a noção de dogma enquanto um princípio arbitrário, derivado de vontade do emissor de norma lhe é fundamental) é, basicamente, uma compreensão do pensamento do legislador; portanto, interpretação *ex tunc* (desde então), ressaltando-se, em consonância, o papel preponderante do aspecto genético e das técnicas que lhe são apropriadas (método histórico). Para a segunda (objetivista), a norma goza de um sentido próprio, determinado por fatores objetivos (o dogma é um arbitrário social), independente até certo ponto do sentido que lhe tenha querido dar o legislador, donde a concepção da interpretação como uma compreensão *ex nunc* (desde agora), ressaltando-se o papel preponderante dos aspectos estruturais em que a norma ocorre e as técnicas apropriadas à sua captação (sociológico).[90]

Traços fortes de voluntarismo estão presentes nas teses subjetivistas, renovado no século XX pelas concepções que substituem o voluntarismo do legislador pelo voluntarismo do juiz, o que se pode ver na "livre investigação científica" proposta por Geny, pelo "direito livre", de Kantorowicz, e pela *Teoria Pura do Direito*, de Kelsen. Veja-se, aqui, o eterno retorno à história do positivismo jurídico e as tentativas de sua superação, temática à qual me referi anteriormente. Bonavides,[91] nesse sentido, alerta para o fato de que os subjetivistas, aparentemente exaltando a função judicial, em verdade debilitam as estruturas clássicas do Estado de Direito, assentadas numa valoração dogmática da lei, expressão prestigiosa e objetiva da racionalidade. Não é à-toa, diz o mestre, que *o subjetivismo faz parte da concepção professada na Alemanha pelo nacional-socialismo*, onde algumas teses fundamentais dos juristas da escola do direito livre alcançaram, à sombra desse movimento político, uma acolhida extremamente favorável.

Já o *objetivismo* na interpretação da lei e da Constituição tem-se constituído na *posição predileta dos positivistas formais*. No campo do

[90] Cf. FERRAZ JR., Tércio Sampaio. *Introdução ao estudo do Direito*. São Paulo: Atlas, 1989, p. 242.

[91] Cf. BONAVIDES, Paulo. *Curso de direito constitucional*. São Paulo: Malheiros, 1996, p. 413.

Direito Público, Bonavides[92] aponta para o fato de que, nomeadamente no Direito Constitucional moderno, os objetivistas formam já uma corrente respeitável de intérpretes, talvez a que mais pese entre os constitucionalistas: "na Europa inclinam-se pela aplicação do método objetivista constitucionalistas do porte de Mauz, Duerig, Forsthoff, Hans J. Wolff e von Turegg". É claro que – e isso deve ser dito para que não se confundam posições distantes no tempo – que esse objetivismo detectado nos referidos constitucionalistas não é similar ao objetivismo professado no século XIX, do tipo "da palavra que se fez vontade". Esse objetivismo não é uma definição exegética e tampouco uma filiação a um objetivismo filosófico desses autores (veja-se, de novo, a importância de desindexarmos a polêmica do século XIX da contemporânea discussão acerca da importância dos textos constitucionais, cujos limites semânticos têm uma importância ímpar, mas que não se confundem com a velha exegese).

A dicotomia proposta por Tércio, entretanto, aponta para um modelo de análise que se fixa em um âmbito puramente epistemológico, com ênfase na relação sujeito-objeto. Nesse caso, a aplicação do direito ora é um problema a ser solucionado a partir da descoberta da vontade do legislador (sujeito); ora deixa-se para trás o problema do sujeito criador e fixação do problema se dá em torno do sentido finalístico presente na lei (objeto). Daí que a construção do mestre paulista fale em subjetivismo quando o enfoque que se dá é para a atividade do criador da lei e em objetivismo, quando a ênfase recai sobre a aplicação da lei às situações fáticas.

Entretanto, sem embargo da utilidade didática da tese de Ferraz Jr., é possível afirmar que, hermeneuticamente, o problema aqui está ligado aos paradigmas filosóficos que comandam a interpretação.

5.3. O que são paradigmas filosóficos? De que modo eles condicionam a interpretação?

As posições teóricas que assumimos refletem, muitas vezes, apenas a superfície de um processo compreensivo muito mais complexo. Na verdade, em inúmeros casos, elas acabam por espelhar um conjunto de elementos que conformam o *modo* de se organizar o pensamento e de determinação do processo de conhecimento que rege uma determinada época. Essa dimensão profunda, organiza-

[92] BONAVIDES, Paulo. *Curso de direito constitucional*, op. cit.

dora de nossa racionalidade, não pode ser acessada através dos instrumentos teóricos desenvolvidos por uma ciência qualquer. Essa dimensão é filosófica. Para termos acesso a ela, necessitamos nos envolver em um processo catártico, de *des-construção* da história da filosofia. Um processo no qual, desde Heidegger, nós mesmos estamos envolvidos em face de nossa facticidade.

Assim, no caso do direito, por exemplo, é muito comum encontrarmos teorias que apresentam determinados postulados epistemológicos que, se olhados mais de perto, representam apenas a consequência da projeção desse modo de organização – filosófica – do pensamento predominante no interior daquele tempo histórico.

Esse fator ordenador, que condiciona o enquadramento do conhecimento em uma determinada época, chamo, com Ernildo Stein, de *paradigmas filosóficos*.[93]

Na formulação do filósofo gaúcho, esses paradigmas filosóficos funcionam como "princípios organizadores" que exercem uma função *no* conhecimento científico. Para ele, esse elemento organizador "pode ser considerado como um vetor da racionalidade científica, isto é, como um princípio com o qual se pode examinar aquilo que é implicitamente carregado pelo discurso científico".[94]

Nesse sentido, a noção de paradigma filosófico funciona como um transcendental não clássico, ou seja, não ligado às amarras da subjetividade. Exerce ele uma função de fundamentação, no sentido de ser um elemento organizador, estruturante e abrangente.[95]

Essa investigação, por exemplo, funciona a partir do paradigma da fenomenologia hermenêutica e da hermenêutica filosófica. A partir desse eixo fundamental, opera-se o trabalho de desconstrução e de reconstrução do pensamento jurídico, mormente aquele ligado ao elemento interpretativo que reveste a experiência jurídica.

Nesse processo desconstrutivo/construtivo é possível observar a ocorrência de posturas científicas/interpretativas no direito que professavam outros paradigmas filosóficos.

No caso, podemos mencionar dois grandes paradigmas filosóficos:

a) o da *filosofia clássica*, também nomeado como realismo filosófico, em que o fator organizacional de toda a racionalidade gira em

---

[93] Cf. STEIN, Ernildo. *Exercícios de Fenomenologia: Limites de um Paradigma*. Ijuí: Unijuí, 2004, p. 127.

[94] Idem, Ibidem.

[95] Idem, Ibidem.

torno dos "objetos" ou daquilo que é "dado" ao conhecimento (daí que Sellars e seus seguidores passarão a nomear uma tal postura como "mito do dado"[96]).

Nesse aspecto, o tipo de atividade interpretativa que terá lugar no contexto desse paradigma será *objetivista*, porque presa ao objeto conhecido, ou, ainda, objeto cognoscível;

b) o da *filosofia da consciência*, que coloca como fator de organização, que se antecipa em todo processo de conhecimento, a subjetividade que conhece as coisas. Nesse âmbito, o conhecimento não é "dado". Aqui, o conhecimento é "construído" por um sujeito que emprega um método específico de análise e passa a estabelecer os sentidos.

Podemos dizer então, se a filosofia é fundamento do direito,[97] que propostas para a teoria do direito como neoconstitucionalismo e positivismo normativista, dentre outras, permanecem estagnadas no último estágio pré-filosofia da linguagem, isto é, a subjetividade dona dos sentidos. Dizemos isso porque, mais do que em outros filósofos modernos, como em Descartes, Kant, Fichte e Hegel, Nietzsche representa uma fase na história da filosofia em que a subjetividade tem seu fundamento baseado na *vontade*. Se, desde Platão, vigiam no pensar filosófico valores como a razão, virtude, compaixão e justiça, Nietzsche afirma que estes valores aprisionam o homem, que deve se dirigir a um estado superior de consciência.[98] Seguindo na história epocal do ser, no final da metafísica, o ser se manifesta como *vontade de poder*. A passagem de Descartes a Nietzsche é, justamente, a da transição entre razão e vontade. Como enumera Heidegger, se em Descartes o sujeito é uma *egocidade representadora*, o ente onde se manifestam os objetos, em Nietzsche o homem é sujeito no sentido de seus impulsos e desejos.[99]

Eis a grande distinção entre a filosofia da consciência em sentido estrito e a sua vulgata voluntarista patrocinada pela doutrina

---

[96] Cf. STEIN, Ernildo. *Pensar e Errar:* um ajuste com Heidegger. Ijuí: Unijuí, 2011, p. 154.

[97] Novamente, a discussão entre filosofia *do* direito e filosofia *no* direito. Como relembra Ernildo Stein, é impossível cindir filosofia e mundo. Se trabalhamos direito e filosofia, devemos entender que a filosofia não é ornamento (um conjunto de citações pontuais de filósofos clássicos) ou direção (norte de orientação, como as bases de uma filosofia moral, por exemplo). *Filosofia é fundamento, paradigma*, ainda que os autores analisados não tratem isto de forma explícita. É nesse sentido, por exemplo, que trabalhamos Nietzsche e a as teses voluntaristas que predominam na teoria do direito.

[98] Estas questões ficam claras e perpassam por todo o *Assim Falava Zaratustra* (Petrópolis: Vozes, 2008).

[99] Cf. HEIDEGGER, Martin. *Nietzsche II*. Rio de Janeiro: Forense, 2007, p. 142.

crítica (*sic*) do direito. De Descartes a Hegel e Kierkegaard, a subjetividade é entendida como um ponto onde aparecem os outros entes com os quais entramos em contato. Isso não significa afirmar, de todo modo, que a subjetividade, antes de Nietzsche, não seja relativista. Na *Introdução à Filosofia*, Heidegger vai dizer que "[s]e a verdade pertence ao sujeito enquanto sujeito e apenas a ele, ou seja, se de acordo com sua própria essência a verdade reside no sujeito, então ela é necessariamente algo 'subjetivo'", enquanto não houver algo que mantenha uma certa intersubjetividade.[100] Mas é somente com Nietzsche que a *vontade* se torna fundamento, e essa vontade não tem fundamento se não ela mesma, culminando no absoluto relativismo. Daí que, nesse contexto, teremos um tipo de interpretação que podemos nomear como *subjetivista*.

Em resumo: tendo em conta os paradigmas filosóficos que dirigem a interpretação, é possível dizer que *objetivista* é a postura hermenêutico-interpretativa que organiza o seu processo de determinação do sentido a partir de um aprisionamento do sujeito que conhece ao objeto que é conhecido; ao passo que *subjetivista* é a postura hermenêutico-interpretativa que espelha o paradigma da filosofia da consciência (e/ou de suas vulgatas voluntaristas), no interior do qual o intérprete é o dono dos sentidos.

Nesses termos, como o fator determinante da interpretação do direito acaba por ser a Lei, *objetivistas* são as posturas que entendem a lei como um dado jurídico pronto e acabado tendo o intérprete a tarefa de simples revelação do sentido, nela alocado por alguma autoridade externa a ele, intérprete, que pode ser a vontade divina, o sentido cosmológico das coisas ou, simplesmente, a ação de um legislador racional. Já as posturas subjetivistas são aquelas que desprendem o intérprete desse invólucro legal e o apresenta como um verdadeiro criador de sentidos. Nesse caso, o sentido originário da lei e a autoridade de quem a emite cede lugar para a sensibilidade do intérprete que deverá interpretá-la segundo, por exemplo, as finalidades para as quais ela fora criada; os interesses sociais que levaram à sua edição, entre outras coisas. Haverá, inclusive, os mais extremados que defenderão que a interpretação é um ato de vontade livre daquele que a profere, sendo o direito o resultado de suas ações interpretativas.

Em todo caso, é possível afirmar que posturas hermenêutico-interpretativas professadas pela escola da exegese, da Jurisprudência dos Conceitos, da Jurisprudência Analítica, são – do ponto de

[100] Cf. HEIDEGGER, Martin. *Introdução à Filosofia*. São Paulo: Martins Fontes, 2010, p. 119.

vista do paradigma filosófico que as guia – objetivistas; ao passo que o movimento do direito livre, o realismo jurídico e a jurisprudência dos interesses representam posturas subjetivistas.

5.4. O dilema objetivismo *versus* subjetivismo no âmbito (hermenêutico) da aplicação do direito: o problema dos "cruzamentos fundacionais"

A aplicação do direito, como venho afirmando há tempos, está assentada num tipo muito curioso de sincretismo que podemos nomear aqui por "cruzamentos fundacionais". Vale dizer, no direito, o paradigma objetivista, da filosofia clássica, encontra-se por vezes associado ao paradigma subjetivista, da filosofia da consciência.

Na verdade, levando a questão às últimas consequências, o problema retratado acaba por desaguar na própria relação entre direito e política. Posturas aplicativas e/ou metodológicas como a escola da exegese e a jurisprudência dos conceitos – e, nalgum sentido, a jurisprudência analítica – são expressão de uma movimentação filosófica que se encontra situada no interior do paradigma da filosofia da consciência, mas, ao mesmo tempo, produzem um modelo de aplicação do direito que retira a possibilidade de participação da subjetividade do julgador no momento da formação normativa. Professa-se um espécie de "mito do dado": os sentidos das normas jurídicas já estão postos pelo legislador; é um dado que não pode sofrer modelação por parte do intérprete/julgador.

Onde estaria, então, a subjetividade de que tanto se fala? Onde estaria a consciência que poderia colocar ordem de sistema – logicamente rigorosa – no caos normativo da lei humana?

Ora, a subjetividade está espelhada na ação do legislador, seja ele um corpo legislativo determinado (um parlamento); seja ele a expressão da sabedoria de especialistas/professores que constroem a lei a partir das descobertas da ciência jurídica. A filosofia da consciência (ou, por vezes, em uma vulgata desta, o simples voluntarismo judicial) se manifesta aqui como um tipo de vontade política que limita a ação do julgador. Trata-se de uma *vontade de sistema* que se manifesta de forma mais esplendorosa na experiência da codificação. Como afirma Losano, a partir do caráter indiscutivelmente racional (portanto, expressão de uma consciência; a *consciência legislativa*) que revestia a obra do legislador ou dos professores, o que poderia o intérprete – seja a doutrina seja a jurisprudência – fazer além de espelhar – ou revelar – aquela ordem racional já posta pela *vontade do legislador*.

Daí que, no momento da aplicação, o *mito do dado* é o que prevalece. Todavia, no momento da formação do direito, da efetiva planificação legislativa da sociedade, dá-se a manifestação da subjetividade do legislador: sua obra é fruto de uma construção – arbitrariamente – racional. Ora, não existe mais Deus ou a Cosmologia para afiançar o conteúdo do direito humano concreto. O que sobra, então? Sobra a Razão – com "R"- o principal fundamento da filosofia da consciência.

Quando a razão legislativa não consegue mais segurar em si todos os sentidos, a vontade – o elemento determinante da filosofia da consciência; a manifestação mais decisiva da subjetividade – *salta do nível político para o nível judicial*. Não é a toa que Kelsen chama o âmbito das práticas jurídicas de política jurídica e diz que ali se pratica a interpretação como um ato de vontade: trata-se da consagração disso que aqui estou a me referir: a filosofia da consciência sempre está presente nos fundamentos do positivismo jurídico e da experiência do direito moderno. Por isso, não é de estranhar que apenas em 2015 o novo CPC conseguiu retirar o livre convencimento do juiz, sendo que o processo penal continua sendo conduzido por este imaginário.

Como isso ocorre? Em um primeiro momento, ela se manifesta na *vontade do legislador* que, no momento de sua aplicação judicial, é articulada a partir do mito do dado, da ideia objetivista de que a lei carrega consigo todos os seus sentidos; no momento seguinte (do direito livre, da jurisprudência dos interesses e do realismo jurídico) o que se tem é uma fragmentação completa das estratégias objetivistas para uma afirmação cabal de que a vontade – que caracteriza a ação política – é também um atributo do poder judiciário que possui como dever a tarefa de afirmar – e não revelar – a *vontade da lei* que, ao fim e ao cabo, se converte em vontade do juízo que afirma o sentido da lei.

Podemos analisar essa mesma questão a partir de um problema mais propriamente aplicativo do direito, associado ao dogma da subsunção. No contexto de predomínio objetivista – que, nos termos de Ferraz Jr. chamaríamos de subjetivistas, se atentássemos para o papel do legislador no processo de afirmação concreta do direito – a subsunção é a forma privilegiada de se retratar o modo como o direito deveria ser aplicado. Os movimentos críticos, que instalaram os primeiros passos do subjetivismo hermenêutico

– *objetivismo, se quisermos olhar pela lente da predominância do fato social no momento da determinação normativa* – começam a apontar para uma necessária ultrapassagem do dogma da subsunção a partir da criação de outras formas de representação da aplicação do direito.

Falando especificamente sobre o dogma da subsunção, é possível dizer que ele opera em dois níveis distintos. Em primeiro lugar, há que se destacar um aspecto político-jurídico, de justificação. Em um segundo momento, existe uma determinação técnico-operacional.

a) do ponto de vista político-jurídico, o *dogma da subsunção* efetua – através de uma série de justificativas que são articuladas a partir de argumentos retirados de um horizonte cultural determinado – uma redução epistemológica do problema do conceito de direito. Concebe-se, nesse sentido, o direito como sendo o conjunto das disposições que compõem as leis de um determinado Estado nacional. O conceito de direito é equiparado, nesse sentido, ao conceito de lei.

Como já mencionado, essa equiparação entre direito (*jus*) e lei (*lex*) deve-se a uma série de elementos culturais que emergiram em um determinado tempo histórico. A principal consequência política da manifestação desse fenômeno é que ela abre espaço para a exclusão do problema da justiça no campo do direito. Um desses elementos, embora não seja o único, pode ser pensado a partir de alguns argumentos de rousseaunianos que causariam impacto nas concepções desse movimento. De fato, é conhecida a afirmação do genebrino – presente em seu *Do Contrato Social* – de que a ideia de uma lei injusta seria contraditória uma vez que não seria possível que o povo – que fez a lei – pudesse ser injusto consigo mesmo.[101]

---

[101] Um necessário comentário – quase biográfico – a respeito de Rousseau, pode aclarar melhor aquilo que se quis afirmar no texto. Como é cediço, durante a revolução francesa, Rousseau chegou a ser alçado a patrono da revolução. Influenciou, também, em alguma medida, as ideias políticas que foram articuladas e afirmadas no decorrer da revolução americana. Sua obra, nesse contexto, é associada à defesa radicalizada da ideia de que o titular da soberania não é o Príncipe, mas, sim, o povo, construindo as bases para a concepção de república que será articulada pelo direito político moderno (Cf. GOYARD-FABRE, Simone. *Os Princípios Filosóficos do Direito Político Moderno*. São Paulo: Martins Fontes, 2002, p. 179 e segs.) Por outro lado, os contrarrevolucionários e a tradição liberal que se formou a partir do século XIX, associaram Rousseau ao terror revolucionário, ao possível totalitarismo presente na sua concepção de *Volonté générale*, sendo retratado, portanto, como inimigo da liberdade. De todo modo, essa impressão negativa que a França contrarrevolucionária produziu com relação ao autor, não impediu que a codificação francesa usasse como inspiração de sua principal premissa – o legalismo – com base em argumentos que caberiam perfeitamente na boca de um bom rousseuneano.

Independentemente das polêmicas e discussões que a obra de Rousseau suscita, é fato que, quase trinta anos antes de o Abade Sieyès perguntar: *quem é o terceiro estado?* O genebrino já

Ou seja, em sendo a lei produto da deliberação da vontade geral; em sendo ela a manifestação da soberania popular – uma vez que, para Rousseau, o povo é quem manda, e o governo é quem obedece – não poderia haver leis injustas ou mesmo, poderíamos dizer, contrárias ao direito. Logo, a lei seria igual ao direito.

Por outro lado, os movimentos de recepção do direito romano preparam as condições para o processo que culminou com a codificação do direito privado. De fato, a autoridade dos estudos universitários acerca da formação dos conceitos jurídicos e sua respectiva aplicação às relações jurídicas de direito privado que surgiam a partir do advento do Estado Liberal contribuíram, significativamente, com a consolidação desse elemento cultural que produziu a equiparação entre lei e direito.

b) Desse elemento político decorre logicamente uma consequência técnica: se o conhecimento do universal, da generalidade do direito, já está dado pelo conhecimento da lei, então o trabalho do agente jurídico que exara a decisão judicial será aplicar esse conteúdo universal aos casos concretos apreciados.

A técnica inicial de decisão que servirá como mecanismo de aplicação do direito será a conhecida *subsunção*. Nesse caso, opera-se dedutivamente da premissa maior que é a Lei em direção à premissa menor, o caso. Esse aspecto lógico abstrato – que será apelidado depois de conceitualista – está na base de movimentos culturais como a escola da exegese francesa e a Jurisprudência dos conceitos alemã. Os grandes códigos civis do século XIX serão operacionalizados (no caso da escola da exegese) e pensados (no caso da Jurisprudência dos conceitos) tendo a decisão judicial como resultado desse procedimento estritamente subsuntivo de acomodação do caso judicial ao suporte fático previsto na legislação.

---

havia afirmado que a natureza da soberania só poderia derivar do procedimento segundo o qual "a multidão, unanimemente, substitui as vontades particulares pela vontade geral: a essência da soberania se identifica, então, com a vontade geral" (GOYARD-FABRE, Simone. *Os Princípios Filosóficos do Direito Político Moderno...* cit., p. 180; Cf. também VETO, Miklos. *O Nascimento da Vontade*. São Leopoldo: Unisinos, 2005, p. 173-180.). O autor de *O Contrato Social* defendia, assim, de um modo totalmente dissonante com relação ao que era pregado por juristas como Grotius e Burlamaqui, que a soberania tinha como titular o povo, que a exercia na forma da vontade geral.
Além disso, encontra-se em Rousseau as origens de uma fórmula, que faria sucesso no interior da modernidade política, derivada da afirmação de que *o governo não manda, mas obedece*. Nesse sentido, a obra do filósofo acabou por inspirar – e ao mesmo tempo indicar algumas pistas – para a superação do que era então um Estado Jurisdicional por um Estado Legislativo; um Estado de Direito (Cf. FIORAVANTI, Maurizio. Estado y Constitución. In: *El Estado Moderno en Europa: Instituciones y derecho*. Maurizio Fioravanti Ed. Madrid: Trotta, 2004, p. 16 e segs.)

Evidentemente, esse aspecto metodológico da questão gera, por sua vez, consequências políticas que podem, igualmente, ser pensadas a partir do horizonte cultural da época. Em primeiro lugar, acaba por concentrar o *monopólio da decisão efetiva no plano da política, e não, propriamente, da juridicidade.*

Quem decide de forma, digamos, soberana, são as instâncias legislativas ou os espaços da erudição universitária. O corpo judiciário – que, nesse mesmo momento, passa a se formar enquanto organização burocrática desprendida do personalismo monárquico – agiria aqui com uma função "farmacêutica" de identificação de uma patologia que inquine a relação jurídica examinada, com a consequente determinação do remédio jurídico adequado, previsto, desde logo, pelos sistemas codificados.

Um código unificador de leis claras, por sua vez, permite experimentar a sensação de que o ideal de planificação e planejamento social presente no âmago das doutrinas iluministas poderia ser alcançado. Vale dizer, é uma expectativa própria deste tempo histórico que decisões tomadas no passado possam antecipar consequências futuras. Antecipar, no caso, decisões futuras.

Ou seja, há uma expectativa clara no sentido de que, se alguém descumpre alguma regra jurídica, cometa um ato ilícito, etc., seja possível prever qual será a decisão que será tomada pelo agente estatal que ficará incumbido de tomar a decisão. Há, também, uma consequência econômica muito clara, uma vez que a previsão antecipada a respeito das decisões que serão tomadas no futuro permitiria aos agentes econômicos planejar melhor suas ações, bem como visualizar a consequência de seus atos. Criar-se-ia, assim, um elevado grau de certeza quanto ao resultado jurídico das relações econômicas. Nesse momento, o mercado é o grande interessado na afirmação da *segurança jurídica.* Do mesmo modo, podemos destacar, ainda, aspectos sociais importantes. No caso, a planificação jurídica estabelecida pela codificação funcionava como uma garantia de que os interesses burgueses, no caso francês, e que os interesses da aristocracia, no caso germânico, seriam, de alguma forma, preservados.

Ainda no século XIX, uma série de tensionamentos culturais começaram a impor algumas mudanças nas configurações conceituais da decisão jurídica. Em alguns casos, a própria pressão política da magistratura – que, já no final do século, começa a se fortalecer ganhando cada vez mais autonomia com a radicalização do Estado de Direito e o desligamento do processo civil do âmbito do direito material – levará a essa "mudança de rota". Esse dado pode ser visualizado, por exemplo, na obra de Oskar von Bülow, que reivindicava maior espaço para a magistratura no processo de formação do direito. Para ele, a verdadeira "recepção do direito romano" não teria ocorrido no seio da universidade, mas, sim, através das decisões tomadas pela magistratura que embalavam o direito vivo, o direito do caso.[102]

Com efeito, a obra de Bülow[103] pode ser considerada a mais remota manifestação crítica contra o *dogma da subsunção*; um primeiro, e ainda tímido, ataque ao conceitualismo da pandectística. Por outro lado, no ambiente do direito francês, Francois Geny escreve, senão a primeira, certamente a mais famosa, crítica metodológica ao modelo de decisão estabelecido pelo exegetismo. Geny atacava exatamente esse aspecto predominantemente lógico-formal que o paradigma do dogma da subsunção carregava consigo. Sua grande intenção, como é sabido, era oferecer uma alternativa metodológica a esse "paradigma dominante" e que incorporasse um tipo de método científico mais adequado para o estudo do direito. No caso, o método adequado teria inspirações sociológicas – ao invés de lógico-filosóficas – e teria suas atenções voltadas para o fato jurídico em detrimento do entendimento meramente conceitual.

Essa investigação sociológica permitiria demonstrar a existência de determinadas relações sociais que, apesar de necessitarem de uma regração normativa, ficavam fora da zona de cobertura da estrutura codificada do Direito. Haveria, portanto, zonas "livres de direito" no seio da sociedade.

Portanto, eis a explicitação dessa controvérsia entre objetivistas e subjetivistas à luz da hermenêutica. Portanto, há que se muito cuidado, para que não ocorram mal entendidos acerca dessa complexa questão.

---

[102] Também Mario Losano, no segundo volume de seu *Sistema e Estrutura do Direito*, indica a vinculação de Bülow a esses movimentos antissistemáticos que polularam no final do século XIX e início do século XX. Losano aponta, inclusive, para uma possível inspiração de Bülow pela leitura do opúsculo de Hermann Kantorowicz (*Der Kampf um die Rechtswissenschaft*), publicado, na verdade, sob o pseudônimo *Gnaeus Flavius* que inaugurou o chamado "Movimento do Direito Livre". Interessante é que Losano traz à colação um depoimento de Gustav Radbruch – à época também vinculado ao Direito Livre – no qual se afirma que a opção pelo pseudônimo é que levou ao relativo sucesso do manifesto, pois conferiu ao texto de um jovem pesquisador a aparência de um escritor experiente, com "autoridade" para tratar dos temas ali abordados. Nos termos do depoimento de Radbruch, foi esse fator, provavelmente, que possibilitou a leitura e aderência de juristas de renomado prestígio como é o caso de Franz Klein e do próprio Bülow (Cf. LOSANO, Mario G. *Sistema e Estrutura no Direito*. Vol. II. São Paulo: Martins Fontes, 2010, p. 153/154).

[103] Cf. BÜLOW, Oskar von. *Gesetz und Richteramt*. Berlim: BWV, 2003.

5.5. O senso comum teórico e sua relação com a *voluntas legis* e com a *voluntas legislatoris*: o que ainda não foi dito sobre a polêmica

É acertado dizer que as duas correntes – objetivista e subjetivista – estão arraigadas no plano das práticas cotidianas dos operadores jurídicos, podendo ambas – muito embora as suas diferenças – serem encontradas em quantidade considerável de manuais e textos jurídicos. Para identificá-los, basta que se encontrem alusões *"ao espírito do legislador"*, *"à vontade do legislador"*, *"ao processo de formação da lei"*, *"o espírito da lei"*, para que se esteja diante de um adepto da corrente subjetivista; por outro lado, a invocação da *"vontade da norma"*, da *"intenção da lei"*, é indício da presença de um "objetivista", muito embora essas diferenciações necessitem de uma explicitação mais detalhada a partir da Crítica Hermenêutica do Direito.

Entretanto, em não raros casos, é possível encontrar, em um mesmo texto jurídico, a busca *concomitante* do espírito do legislador e da vontade da norma, como, por exemplo, em Paulo Dourado de Gusmão, o qual, embora sustente que a lei se torna independente do pensamento do seu autor a partir do momento em que é publicada, admite que, para descobrir o sentido objetivo da lei, o intérprete procede por etapas, percorrendo o que se convencionou chamar fases ou momentos da interpretação. Nessas etapas ou fases, o autor inclui desde a interpretação gramatical ou literal até a interpretação histórica, na qual

> muitas vezes nessa interpretação são usados os chamados trabalhos preparatórios, isto é, projetos de lei, debates nas comissões técnicas das assembleias legislativas e no plenário das mesmas, pareceres, emendas e justificações dos mesmos.[104]

Também é possível observar uma imbricação entre a doutrina objetivista e a subjetivista (no sentido hermenêutico da discussão) em Aníbal Bruno,[105] que admite tanto alguns critérios da primeira quanto da segunda doutrina. Já Paulo Nader,[106] depois de comentar as duas teorias, inclina-se, citando Maximiliano, pela doutrina objetivista, porque o intérprete deve

> determinar o sentido objetivo do texto, *a vis ac potestas legis*; deve ele olhar menos para o passado do que para o presente, adaptar a norma à finalidade humana, sem inquirir da vontade inspiradora da elaboração primitiva.

[104] Cf. GUSMÃO, Paulo Dourado. *Introdução ao estudo do direito*. 28. ed. Rio de Janeiro: Forense, 2000, p. 240 e 241.

[105] Cf. BRUNO, Anibal. *Direito penal*. T. I. 3. ed. Rio de Janeiro: Forense, 1967, p. 212 e segs.

[106] Cf. NADER, Paulo. *Introdução ao Estudo de Direito*. 12. ed. Rio de Janeiro: Forense, 1995, p. 313.

Entretanto, a seguir, ao examinar a interpretação do Direito quanto ao resultado, admite um exame do "passado" legislativo, quando descreve os distintos resultados a que o exegeta pode chegar: interpretação declarativa, necessária porque "nem sempre o legislador bem se utiliza dos vocábulos, ao compor os atos legislativos"; interpretação restritiva, quando o legislador é infeliz ao redigir o ato normativo, dizendo mais do que queria dizer, sendo a missão do exegeta a eliminação da amplitude das palavras; e, finalmente, a interpretação extensiva, que ocorre nas hipóteses contrárias à anterior, ou seja, quando o legislador diz menos do que queria afirmar. Vê-se, pois, que os métodos em questão não prescindem de uma atitude subjetivista, conclui. Veja-se, aqui, a algaravia conceitual que foi sendo produzida ao longo dos anos no plano da dogmática jurídica.

De qualquer sorte, a polêmica – seja ou não relevante a sua continuidade em nossos dias – longe está – no plano da dogmática jurídica – de ser resolvida. Nesse sentido, com Ferraz Jr., identificando uma conotação ideológica na raiz da discussão, isto é, levado a um extremo, é possível dizer que o subjetivismo – que, no plano hermenêutico, deve ser entendido como objetivismo – favorece um certo autoritarismo personalista, ao privilegiar a figura do "legislador", pondo sua "vontade" em relevo. Por exemplo, a exigência, na época do nazismo, de que as normas fossem interpretadas, em *ultima ratio*, de acordo com a vontade do Führer (era o *Führerprinzip*) é bastante elucidativa/significativa. Por outro lado, continua Ferraz Jr., o objetivismo – que, novamente no plano hermenêutico, pode ser entendido como subjetivismo, porque o sentido depende da subjetividade do intérprete, que irá "definir" o sentido originário do produto do legislador –, levado também ao extremo, favorece um certo niilismo, pois estabelece o predomínio de uma equidade duvidosa dos intérpretes sobre a própria norma ou, pelo menos, desloca a responsabilidade do legislador para os intérpretes, chegando-se a afirmar, como fazem alguns realistas americanos, que direito é "o que decidem os tribunais". Além disso, acrescenta, não deixa de ser curioso que, nos movimentos revolucionários, o direito anterior à revolução é relativizado e atualizado em função da nova situação, predominando aí a doutrina objetivista, muito embora, quanto ao direito novo, pós-revolucionário, tende-se a privilegiar a vontade do legislador e a fazer prevalecer as soluções legislativas sobre as judiciais que, a todo custo e no máximo possível, devem a elas se conformar.

De todo modo, é importante insistir que essa dicotomia não tem (mais) sentido no âmbito da superação dos paradigmas tradicionais da filosofia (metafísica clássica e metafísica moderna ou, se quisermos, os paradigmas aristotélico-tomista e da filosofia da consciência).

Colocar o *locus* do sentido na coisa (lei) ou no sujeito (intérprete) é sucumbir à ultrapassada dicotomia sujeito-objeto. Ora, dizer que o sentido está na lei ou sustentar que aquilo que o legislador quis dizer é mais importante do que aquilo que "ele disse", não resiste a uma discussão filosófica mais aprofundada.

Do mesmo modo, não passa de uma vulgata da filosofia da consciência dizer que é o intérprete quem estabelece o sentido segundo sua subjetividade. O que pode ser relevante é, exatamente, desmontar as estruturas das posturas que sustentam os voluntarismos interpretativos.

É nesse sentido que ocorre um salto na discussão acerca do sentido de um texto jurídico. Na era do Constitucionalismo Contemporâneo, sustentar a importância dos limites semânticos da Constituição e, em consequência, aferir a validade das leis em conformidade com a Constituição constitui, sim, um efetivo avanço no plano hermenêutico. Não se trata, por óbvio, de um retorno a qualquer postura exegetista operante no passado.

Defender, hoje, os limites semânticos da Constituição – naquilo que entendemos por "limites" no plano hermenêutico, é claro – não quer dizer "objetivismo" (nem no sentido "clássico", nem no sentido filosófico do termo). Se o Direito tem um sentido interpretativo, um texto jurídico (lei, Constituição) não tem um sentido meramente analítico. Um texto só é na sua norma, para reproduzir a clássica assertiva de Müller e ratificar minha adaptação da diferença ontológica entre texto e norma. Por isso, não há sentidos em si. Consequentemente, não há conceitos sem coisas. E não há respostas antes das perguntas. Não há "normas gerais" que contenham os sentidos de forma antecipada. Estes somente acontecem de forma aplicativa. Daí a noção de *applicatio*. Por ela, ficam superadas quaisquer dicotomias entre objetivismos e subjetivismos, seja no plano clássico entre vontade da lei e vontade do legislador, seja no plano filosófico.

Por fim, numa palavra, vejamos como a fronteira da clássica dicotomia (*voluntas legislatoris-voluntas legis*) é tênue (e absolutamente frágil). Por exemplo, de que modo se aferia a "vontade do Führer" no regime nazista? Se ela estava objetivada (fetichizada) na lei, bastaria uma postura filosófica objetivista (colocando a lei como o "mito do dado"). Mas se acaso entendermos que a "vontade" devia ser buscada (escavada), desloca(va)-se a questão para a subjetividade do intérprete. No limite, pode-se dizer que a vontade do Führer devia ser buscada de forma "ontológica", mas, ao mesmo tempo, abria-se, subjetivamente (no sentido filosófico da palavra) um espaço considerável de discricionariedade-arbitrariedade interpretativa, a partir do qual a tal "vontade" era qualquer uma... Dizendo de outro modo: se a vontade do Führer estava plasmada na lei, deveria aplicar-se a letra "fria da lei"; já se o conteúdo normativo espelhasse algo que fosse contrário ao regime, o aplicador deveria se basear em uma norma de supradireito – a vontade do poder, ou seja, "puro" voluntarismo.

Por fim, não esqueçamos que o regime nazista foi implementado sem alterar a Constituição de Weimar. Disso se pode concluir que a dicotomia se sustentou – e ainda se sustenta – tão somente a partir de um fundamento ideológico. Afinal, uma ou outra (vontade do legislador ou vontade da lei) dependem, sempre, da "vontade" do intérprete. E isso refoge àquilo que devemos entender por hermenêutica no Estado Democrático de Direito.

Se os leitores quiserem "jogar" com esses conceitos, não precisam ir longe. Basta pegar a recente alteração do Código de Processo Penal, que estabeleceu no art. 212 o sistema acusatório na inquirição de testemunhas. Segundo a nova redação, as perguntas serão feitas diretamente pelas partes à testemunha, cabendo ao juiz inquirir apenas sob os fatos que permanecerem obscuros, apenas (parágrafo único). Escolhendo a postura objetivista, a "letra da lei" não deveria deixar dúvidas. Afinal, os limites semânticos são fáceis de deslindar. Interessante que a escolha da postura subjetivista deve(ria) levar à mesma conclusão, na medida em que, examinando o processo de alteração do Código, fica nítida a "intenção do legislador", apontando para aquilo que os limites semânticos apontam: o sentido de que juízes só devem fazer perguntas complementares. Pois bem. Se examinarmos a posição do STJ[107] e do STF,[108] veremos que nenhuma das duas posturas prevaleceu. O Poder Judiciário decidiu com sua

---

[107] No julgamento do HC 121.215 (julgado pela 6ª Turma), o relator faz constantes menções à suposta intenção do legislador em tornar o juiz no processo penal mais imparcial, mas relativiza este argumento frente ao princípio geral de direito (outro resquício do positivismo legalista) do "pás de nulittè sans grief",

[108] "O disposto no artigo 212 do Código de Processo Penal não obstaculiza a possibilidade de, antes da formalização das perguntas pelas partes, dirigir-se o juiz às testemunhas, fazendo indagações" (HC 105.538, de relatoria do Min. Marco Aurélio, julgado pela 1ª Turma).

"vontade de poder", ignorando ambas as posturas, o que demonstra, para além da grave crise da teoria do direito que perpassa a operacionalidade do direito, a perfeita inutilidade da distinção *voluntas legis-voluntas legislatoris*.

6. Entre neoconstitucionalismo e (pós-)positivismos: das insuficiências da teoria neoconstitucional para as particularidades do caso brasileiro

6.1. O neoconstitucionalismo como mera tentativa de superação do paleojuspositivismo

Em tempos pós-positivistas – ou de fortes críticas aos diversos positivismos –, é absolutamente relevante discutirmos as condições de possibilidade que a teoria do direito possui para construir respostas aos grandes dilemas surgidos com o advento do, assim denominado, neoconstitucionalismo.

É nesse sentido que, já de pronto, é preciso ter presente que o termo *neoconstitucionalismo* incorpora em si uma plêiade de autores e posturas teóricas que nem sempre podem ser aglutinadas em um mesmo sentido. A ciência política norte-americana, por exemplo, chama de *new constitutionalism* os processos de redemocratização que tiveram lugar em vários países da chamada modernidade periférica nas últimas décadas. Entre esses países é possível citar o Brasil, a Argentina, a Colômbia, o Equador, a Bolívia, os países do leste europeu, a África do Sul, entre outros.[109] Já no caso da teoria do direito, é possível elencar uma série de autores, espanhóis e italianos principalmente, que procuram enquadrar a produção intelectual sobre o direito a partir do segundo pós-guerra como *neoconstitucionalismo*, para se referir a um modelo de direito que já não professa mais as mesmas perspectivas sobre a fundamentação do direito,

[109] Por todos, conferir: HIRSCHL, Ran. O novo constitucionalismo e a judicialização da política pura no mundo. *Revista de Direito Administrativo*, n. 251, maio/agosto de 2009, p. 139-175. Ainda sobre o modo como a ciência política norte-americana trata da caracterização de um novo constitucionalismo, ver o texto de Neal Tate e Torbjörn Vallinder, que refere as condições políticas que caracterizam este fenômeno, dentre as quais está a transformação no modo de compreender a democracia. (The global expansion of Judicial Power: the judicialization of politics. In: —— (orgs.). *The global expansion of Judicial Power*. New York: New York University Press, 1995).

sobre sua interpretação e sua aplicação, no modo como eram pensadas no contexto do primeiro constitucionalismo e do positivismo predominante até então. Assim, jusfilósofos como Ronald Dworkin e Robert Alexy (entre outros) representariam, na sua melhor luz, a grande viragem teórica operada pelo *neoconstitucionalismo*.

Por vezes, o contexto geral de meus textos e livros se aproximava dessa leitura sobre os movimentos que marcaram o direito no segundo pós-guerra, porém, sempre marcada por uma profunda diferença: o modo como se pensava e se procurava dar soluções para o problema da interpretação do direito. No meu caso, minha filiação às filosofias que redescobriram a hermenêutica ainda na primeira metade do século XX (no caso, a filosofia hermenêutica de Martin Heidegger e, posteriormente, a hermenêutica filosófica de Hans-Georg Gadamer) sempre me colocou à margem de algumas das principais conclusões apuradas pela grande maioria dos teóricos do *neoconstitucionalismo*.

Na verdade, nunca consegui concordar com o modo de encarar a relação entre direito e moral ou o problema da interpretação e da aplicação do direito nos termos propostos pelo(s) *neoconstitucion alismo(s)*. Assim, se, em um primeiro momento, houve uma aproximação entre a minha proposta teórica e o *neoconstitucionalismo*, isso se deu muito mais por uma questão *nominal* do que propriamente *real*.

Deixando mais claro isso: em nenhum momento me filiei aos postulados teóricos provenientes da teoria da argumentação, que veem uma relação de complementariedade entre o direito e a moral. Tampouco fui partidário da fórmula/regra da ponderação como modelo privilegiado de realização do direito através dos princípios. Na verdade, em minhas pesquisas, sempre desenvolvi uma atividade crítica em relação a ambos os fatores.

Também nunca pude concordar com aquelas propostas *neoconstitucionalistas* que procuravam desenvolver uma versão mais analítica do fenômeno jurídico, uma vez que minha filiação à hermenêutica me atirava inexoravelmente no chão da história e da necessidade de dar conta da tradição sobre a qual repousa o fenômeno jurídico (algo que passa ao largo das preocupações de uma teoria de matriz analítica). Assim, no contexto do que pode ser entendido por *neoconstitucionalismo*, minhas ideias sempre representaram muito mais uma atitude de crítica do que de associação ou defesa de seus postulados.

Nesse sentido, torna-se necessário afirmar que a adoção do *nomen juris* "neoconstitucionalismo" certamente é motivo de ambiguidades teóricas e até de mal-entendidos. Reconheço, porém, que, em um primeiro momento, foi de importância estratégica a importação do termo e de algumas das propostas trabalhadas pelos autores da Europa Ibérica. Isto porque o Brasil ingressou tardiamente nesse "novo mundo constitucional", fator que, aliás, é similar à realidade europeia, que, antes da segunda metade do século XX, não conhecia o conceito de constituição normativa já consideravelmente decantada no ambiente constitucional estadunidense.[110] Portanto, falar de *neoconstitucionalismo* implicava ir além de um constitucionalismo de feições liberais – que, no Brasil, sempre foi um simulacro em anos intercalados por regimes autoritários – em direção a um constitucionalismo compromissório, de feições dirigentes, que possibilitasse, em todos os níveis, a efetivação de um regime democrático em *terrae brasilis*.[111]

Destarte, passadas mais de duas décadas da Constituição de 1988, e levando em conta as especificidades do direito brasileiro, é necessário reconhecer que as características desse *neoconstitucionalismo* acabaram por provocar condições patológicas, que, em nosso contexto atual, acabam por contribuir para a corrupção do próprio texto da Constituição. Observe-se que, escandalosamente, sob a bandeira "neoconstitucionalista", defende-se, ao mesmo tempo, um direito constitucional da efetividade; um direito assombrado

---

[110] De fato, após a derrota do absolutismo os revolucionários europeus transferiram a supremacia política ao Parlamento, depositando toda a confiança na manifestação da *volonté générale*. Por outro lado, diferentemente desta experiência constitucional, nos Estados Unidos foram criados mecanismos de limitação do poder político para controlar não apenas a atuação do Poder Executivo, mas também a atuação do Poder Legislativo. Assim, enquanto o Estado de Direito formado na Europa continental estava baseado na supremacia dos Códigos, o Estado de Direito estadunidense teve suas raízes na doutrina da supremacia constitucional, fundamentada nas formulações teóricas do juiz inglês Edward Coke. Para uma análise mais percuciente destas peculiaridades presentes na formação do constitucionalismo moderno, ver: FIORAVANTI, Maurizio. *Los derechos fundamentales: apuntes de historia de las constituciones*. Madrid: Trotta, 2003.

[111] Certamente, a história do constitucionalismo brasileiro não ficou marcada pela sobreposição do direito ao poder arbitrário, mas sim pela constante instrumentalização das Constituições conforme os interesses dos *donos do poder*, que, a partir de uma estrutura patrimonialista e estamental de dominação política, passaram a incorporar, de maneira completamente incoerente, diversos mecanismos de limitação do poder político formulados pelo constitucionalismo moderno. Nesse sentido, a importação do Poder Moderador pelo imperador D. Pedro I, a formação do controle difuso no início da República Velha e o surgimento do controle concentrado durante a ditadura militar, demonstram as incoerências desse constitucionalismo a moda brasileira, capaz de incorporar mecanismos de contenção do poder arbitrário em contextos claramente autoritários. Para uma melhor compreensão destas questões, ver: FAORO, Raymundo. *Os donos do poder*: formação do patronato político brasileiro. 3. ed. São Paulo: Globo, 2001.

por uma vulgata da ponderação de valores; uma concretização *ad hoc* da Constituição e uma pretensa constitucionalização do ordenamento a partir de jargões vazios de conteúdo e que reproduzem o prefixo *neo* em diversas ocasiões, tais quais: *neoprocessualismo* (*sic*) e *neopositivismo* (*sic*). Tudo porque, ao fim e ao cabo, acreditou-se ser a jurisdição responsável pela incorporação dos "verdadeiros valores" que definem o direito justo (vide, nesse sentido, as posturas decorrentes do instrumentalismo processual).

Desse modo, fica claro que o neoconstitucionalismo representa, apenas, a superação – no plano teórico-interpretativo – do *paleo-juspositivismo* (como bem lembra Luigi Ferrajoli), na medida em que nada mais faz do que afirmar as críticas antiformalistas deduzidas pelos partidários da escola do direito livre, da jurisprudência dos interesses e daquilo que é a versão mais contemporânea desta última, da jurisprudência dos valores.

Portanto, é possível dizer que, nos termos em que o *neoconstitucionalismo* vem sendo utilizado, ele representa uma clara contradição, isto é, se ele expressa um movimento teórico para lidar com um direito "novo" (poder-se-ia dizer, um direito "pós-Auschwitz" ou "pós-bélico", como quer Mário Losano), fica sem sentido depositar todas as esperanças de realização desse direito na *loteria do protagonismo judicial* (mormente levando em conta a prevalência, no campo jurídico, do paradigma epistemológico da filosofia da consciência).[112]

Assim, reconheço, já na introdução da quarta edição de *Verdade e Consenso*,[113] que não faz mais sentido continuar a fazer uso do termo "neoconstitucionalismo" para mencionar aquilo que essa obra pretende apontar: a construção de um direito democraticamente produzido, sob o signo de uma constituição normativa e da integridade da jurisdição.

Em suma: meu lugar da fala é aquilo que chamo de Constitucionalismo Contemporâneo (com iniciais maiúsculas), para me referir ao movimento que desaguou nas constituições do segundo

---

[112] Uma observação: o que se tem visto no plano das práticas jurídicas nem de longe chega a poder ser caracterizada como "filosofia da consciência"; trata-se de uma vulgata disso. Em meus textos, tenho falado que o solipsismo judicial, o protagonismo e a prática de discricionariedades se enquadram paradigmaticamente no "paradigma epistemológico da filosofia da consciência". Advirto, porém, que é evidente que o *modus decidendi* não guarda estrita relação com o "sujeito da modernidade" ou até mesmo com o "solipsismo kantiano". Estes são muito mais complexos. Aponto essas "aproximações" para, exatamente, poder fazer uma *anamnese* dos discursos, até porque não há discurso que esteja "em paradigma nenhum", por mais sincrético que seja.

[113] Cf. STRECK, Lenio Luiz. *Verdade e Consenso*, op. cit.

pós-guerra e que ainda está presente em nosso contexto atual, evitando os mal-entendidos que permeiam o termo *neoconstitucionalismo*.

É preciso ressaltar que, no plano da crítica ao positivismo – e, recentemente, ao próprio neoconstitucionalismo – existem posições que apresentam sensíveis divergências com relação ao meu posicionamento. Muitos dessas posições, como é o caso de Manuel Atienza, mesmo que marcando uma posição restritiva com relação a alguns postulados neoconstitucionalistas (no que estamos totalmente de acordo), partem de um ponto que considero limitado de caracterização do positivismo. Ou seja, Atienza (e falo do mestre espanhol por todos, uma vez que essa posição sobre o positivismo tem larga prevalência na teoria do direito europeia) vê o positivismo em uma perspectiva estrita.[114] Penso que essa posição – que considero "uma visão (r)estrita do positivismo" – está demonstrada pela redução do trabalho investigativo a elementos descritivos, livre de valores. Isso é resultado da "separação entre direito e moral" e de uma leitura da característica positivista das "fontes sociais do direito" como simples rechaço do direito natural, dando a entender que a via jusnaturalista seria – ainda – possível nesta quadra da história.

Na minha concepção, o positivismo é bem mais complexo do que isso. Isto porque tanto no primeiro quanto no segundo caso existem reducionismos que contribuem para retirar clareza da questão. No primeiro caso, há uma confusão entre a dimensão da ciência do direito e o ambiente das práticas jurídicas. Positivistas mais sofisticados – como é o caso de Kelsen – separaram a ciência jurídica da moral, mas não o nível das práticas jurídicas (ou política judiciária, nas palavras do mestre austríaco). Kelsen não separa o direito da moral e, sim, a ciência do direito da moral. Em Kelsen, o cientista do direito não deve se orientar por valores no momento de executar sua tarefa descritiva. Entretanto, os "operadores" do direito, não estão necessariamente vinculados a uma tal determinação. Podem segui-la ou não. Como acontece, aliás, com os outros campos predadores da autonomia do direito (política, psicologia, etc.).

---

114 Como se sabe, Atienza diz que o positivismo é uma concepção empobrecida de direito, porque ela é apenas descritiva e afasta do direito todos os elementos valorativos. Claro que concordo com isso. Entretanto, o positivismo não pode ser reduzido a essa tese que considero restritiva. Cf. ATIENZA, Manuel. *El sentido del derecho*. Barcelona: Ariel; 2004; ——. Sobre Ferrajoli y la superación del positivismo jurídico. In: FERRAJOLI, Luigi; MORESO, José Juan; ATIENZA, Manuel. *La teoría del derecho en el paradigma constitucional*. Madrid: Fundación Coloquio Jurídico Eoropeo, 2008; ——. *As razões do direito*: teorias da argumentação jurídica. 3. ed. São Paulo: Landy, 2006; ——. Dos versiones del constitucionalismo. In.: *Revista de Estudos Constitucionais, Hermenêutica e Teoria do Direito (RECHTD)*, v. 4, n. 1, janeiro-junho, p. 29-39, 2012; ——; MANERO, Juan Ruiz. Sobre princípios e regras. In: *Panóptica*, v.4, n.3, p. 49-68, 2009.

Aliás, esse o sentido da discricionariedade em sentido forte de que fala Dworkin: se, em seu ato de escolha, o agente de decisão transbordar os limites autorizados para a prática do ato, ninguém poderá censurá-lo por erro.

De outra banda, não creio que ainda hoje seja possível falar em direito natural ou jusnaturalismo. Penso que não há espaço para o jusnaturalismo nos contemporâneos paradigmas filosóficos. Vale dizer: acreditar na dicotomia jusnaturalismo-positivismo implica professar um tipo de objetivismo filosófico. Outro problema que me afasta das concepções que vêm o positivismo desse modo estrito ou restritivo é a visão que muitos jusfilósofos têm acerca de Dworkin, colocando-o como um autor jusnaturalista ou ético-cognotivista. Para mim, isso representa um equívoco. O jusfilósofo americano gastou páginas e páginas para demonstrar sua posição que afirma ser o direito um conceito interpretativo. Ora, se assim o é, como pode o direito ser interpretativo e natural ao mesmo tempo? Por certo, não pode. Aliás, existem contemporaneamente, de Castanheira Neves a Arthur Kaufmann, posições teóricas que procuram posicionar-se criticamente diante dessa vetusta dicotomia positivismo *vs.* jusnaturalismo.

Dito de outro modo, o problema das fontes sociais do direito, para além da questão de rechaço do jusnaturalismo, está na necessidade de ancorar a produção normativa do direito em uma autoridade social visível e constituída. Esse é um dos principais pontos da critica de Dworkin a Herbert Hart. Crítica absolutamente correta, diga-se de passagem. Afinal, quem deu origem aos princípios? Para Dworkin, a história institucional de uma comunidade política. Falando com todas as letras e com a maior clareza possível: isso não representa um retorno ao jusnaturalismo... História institucional não pode ser algo natural. Pelo simples fato de ser história.

Ao fim e ao cabo, é importante ainda anotar o seguinte: em minhas obras venho discutindo há muito tempo a necessidade de superação do positivismo normativista e do neoconstitucionalismo, já que ambos, dentro de suas especificidades, acabam por cair no velho problema da discricionariedade judicial (que, para mim, é a principal característica do positivismo). Assim, é importante destacar que, quando trato do paradigma positivista, não estou fazendo referência ao exegetismo ou ao conceptualismo pandectista – escolas pertencentes ao positivismo primitivo –, mas ao positivismo kelseniano, que, no caso, é responsável por deixar para o órgão aplicado da norma a capacidade de se manifestar de forma voluntarista, já que para este a interpretação – no nível das práticas jurídicas – sempre acaba reduzida a um ato de vontade. Não que isso seja assim porque Kelsen acredite que a discricionariedade seja algo legítimo ou necessariamente bom. Mas, sim, porque o mestre austríaco rendeu-se aos dilemas da semântica e – fatalisticamente – abandonou o nível poluído do ambiente proprimente interpretativo do direito pela pureza da ciência. É por isso que Friedrich Müller afirma que o normativismo kelseniano não pode dar nenhum tipo de contribuição para uma teoria da interpretação.[115]

Por isso, ao contrário do que alguns autores pretendem apresentar como "constitucionalismo pós-positivista", por meio de um resgate do "aspecto valorativo do direito" para a superação do positivismo primitivo, eu denomino pós-positivismo a superação do positivismo normativista (e também do positivismo fático exsurgido das posturas do realismo jurídico) e da discricionariedade, por meio de uma necessária teoria da decisão, que efetivamente dê conta do problema interpretativo do direito. Por outro lado, é preciso consignar que em diversas correntes o neoconstitucionalismo tem flertado com a ponderação e, ao mesmo tempo, com a retomada dos valores pelo direito, por meio de teses "principiológicas". Alguns críticos do neoconstitucionalismo atacam este posicionamento afirmando que entre a ponderação e a subsunção não existe incompatibilidade, sendo que em cada caso concreto poderá ser utilizado um ou outro modelo argumentativo; já com relação ao "principiologismo", os mesmos críticos têm apontado suas baterias para a predominância excessiva dos princípios sobre as regras.

Diferentemente deles, minha crítica ao neoconstitucionalismo tem atacado constantemente o uso da ponderação, a recepção da jurisprudência dos valores e o entendimento equivocado sobre os princípios, ao considerar que estas posições promovem a discricionariedade judicial, já que em todas elas acabam por abandonar o problema interpretativo à vontade – decisionista – do aplicador de normas, enfraquecendo demasiadamente a legalidade constitucional. Ou seja, para mim tanto são positivistas as posturas clássicas (separação do direito da moral), como também as que apelam à discricionariedade. Na medida em que os diversos neoconstitucionalismos não abrem mão da discricionariedade e fazem firme aposta na ponderação, minha posição é de que são (também) positivistas. Não primitivos ou clássicos; mas positivistas pós-exegéticos.

[115] Cf. MÜLLER, Friedrich. *O Novo Paradigma do Direito*. São Paulo: Revista dos Tribunais, 2006, *passim*.

6.2. De como a raiz do problema está na confusão acerca do conceito de "pós-positivismo"

Com efeito, a partir de campos diferentes do conhecimento, é possível, já de pronto, separar o velho e o novo no direito. Em outras palavras, se não há segurança para apontar as características de uma teoria efetivamente pós-positivista e neoconstitucional, há, entretanto, condições para que se possa dizer "o que não é" e "o que não serve" para a contemporânea teoria do direito, mormente em países com sistemas e ordenamentos jurídicos complexos.

Mas, o que a hermenêutica – na leitura que proponho a partir de *Verdade e Consenso* e *Hermenêutica Jurídica e(m) Crise*,[116] imbricando Gadamer e Dworkin – pode contribuir para a compreensão desse novo constitucionalismo? Quais os pontos de encontro entre as análises hermenêuticas e aquelas advindas do terreno da(s) teoria(s) da argumentação? Ou, do mesmo modo, qual é a ligação entre a hermenêutica e as teorias discursivas compreendidas *lato sensu?*

Diferenças à parte – e sobre essas falarei mais adiante –, uma coisa é certa: sob o novo paradigma neoconstitucional, o *mundo prático* passou a importar os juristas. O direito já não seria mais o mesmo. O direito já não poderia mais ser epitetado e/ou acusado de ser uma "mera racionalidade instrumental" ou um instrumento destinado à proteção dos interesses das classes dominantes, resultado das duas fases do legalismo, do nascedouro da modernidade ao direito contemporâneo. As questões morais, políticas e econômicas – rejeitadas pelo positivismo jurídico – passaram a fazer parte da preocupação da comunidade jurídica.

Lembremos que, historicamente, as teorias positivistas do direito recusaram-se a fundar suas epistemologias numa racionalidade que desse conta do agir propriamente dito (escolhas, justificações, etc.). Como alternativa, estabeleceram um princípio fundado em uma *razão teórica pura*: o direito, a partir de então, deveria ser visto como um objeto que seria analisado segundo critérios emanados de uma lógica formal rígida. E esse "objeto" seria produto do próprio sujeito do conhecimento. Daí o papel do sujeito solipsista (*Selbstsüchtiger*).

Na verdade – e Castanheira Neves explica muito bem esse fenômeno –, é dessa maneira que se distinguia no pensamento ju-

---

[116] Cf. STRECK, Lenio Luiz. *Hermenêutica Jurídica e(m) crise*, op. cit. e *Verdade e Consenso*, op. cit.

rídico uma perspectiva "teórica" ("científica") e uma perspectiva "prática" – a "teoria" e a "prática" – e se instituía o que se poderá designar por *dualismo normativista* – ser do direito nas normas (as normas do sistema jurídico) e interpretação e conhecimento dele através destas, primeiro, e a sua aplicação, depois: dualismo de entidades, de momentos, de atos. O que exatamente significava, por um lado, que o pensamento jurídico entendia o direito como uma entidade racional autossubsistente ou segundo um platonismo de normas que o pensava normativo-dogmaticamente autônomo e objetivado no seu sistema de normas ("o direito que é") – ou seja, como um sistema autônomo perante a realidade histórico-social da sua prática realização, ou sem que, quer as exigências normativas-práticas provindas dessa realidade, quer a problemática também normativamente específica dessa sua concreta realização nessa realidade se reconhecessem com qualquer influência codeterminante da sua sistemático-dogmática normatividade.[117]

Isto significa dizer que, para o positivismo jurídico, pouco importava colocar em discussão – no campo d(e um)a teoria do direito – questões relativas à *legitimidade* da decisão tomada nos diversos níveis do poder estatal (Legislativo, Executivo ou Judicial). No fundo, operou-se uma cisão entre validade e legitimidade, sendo que as questões de validade seriam resolvidas através de uma análise lógico-semântica dos enunciados jurídicos,[118] ao passo que os problemas de legitimidade – que incluem uma problemática moral – deveriam ficar sob os cuidados de uma teoria política que poucos resultados poderiam produzir, visto que esbarravam no problema do pluralismo de ideias presente num contexto democrático, o que levava, inexoravelmente, a um relativismo filosófico (essa problemática se gravou em países com grandes períodos de ausência de democracia, como o Brasil).

Por certo, a pretensão das teorias positivistas era oferecer à comunidade jurídica um objeto e um método seguro para produção do conhecimento científico no direito. Isso levou – de acordo com a atmosfera intelectual da época (problemática que, entretanto, ainda não está superada) – a uma aposta em uma racionalidade teórica asfixiante que isolava/insulava todo contexto prático de onde as questões jurídicas realmente haviam emergido. Melhor dizendo,

117 Cf. CASTANHEIRA NEVES, António. Escritos acerca do direito, do pensamento jurídico, da sua metodologia e outros. *Digesta*, Coimbra, Coimbra Editora, v. III, 2008, p. 389.

118 Veja-se a umbilical relação/ligação entre o positivismo normativista e as teorias analíticas da linguagem.

essa racionalidade teórica possibilitou – e continua a possibilitar – a "entender" o direito em sua "autônoma objetividade".

Repetindo o que já foi dito anteriormente: os fatos sociais, os conflitos, enfim, a faticidade, não faziam parte das "preocupações" da teoria do direito. Portanto, ironicamente, a pretensão estabilizadora e cientificizante do positivismo jurídico acabou por criar uma babel resultante da separação produzida entre questões teóricas e questões práticas, entre validade e legitimidade, entre teoria do direito e teoria política.

Essa questão tem em Kelsen o seu corifeu. Mas Kelsen era um pessimista moral, uma espécie de cético que apostava em uma moral *relativista*. Para Kelsen, o problema da vinculação do direito à moral se apresenta problemático porque não há como sustentar uma moral absoluta – válida e vigente em todos os lugares e em todos os tempos – que possa servir como parâmetro para determinação dos conteúdos das normas jurídicas. Sua argumentação procura demonstrar como há vários sistemas morais que variam de acordo com a época e o lugar de onde se originam: "o que é mais importante, porém – o que tem de ser sempre acentuado e nunca o será suficientemente – é a ideia de que não há uma única Moral, 'a' Moral, mas vários sistemas de Moral profundamente diferentes entre os outros e muitas vezes antagônicos".[119]

No fundo, Kelsen estava convicto de que não era possível fazer ciência sobre uma casuística razão prática. Com efeito, não é sem razão que a interpretação judicial é tratada como um apêndice em sua Teoria Pura do Direito e apenas apresenta interesse para auxiliar a diferenciação entre a interpretação que o cientista do direito realiza e aquela que os órgãos jurídicos proferem em suas decisões. Visível a importância secundária dada à aplicação do direito pelos juízes. É nesse nível que faz morada a discricionariedade positivista. Este é, aliás, um dos temas sob os quais a hermenêutica discordará das teorias procedurais-argumentativas.

6.3. Alguns elementos caracterizadores do fenômeno

Vale a pena insistir nos pontos de convergência das teorias críticas e/ou pós-positivistas: diante dos fracassos do positivismo tradicional ("exclusivo", como bem retrata Écio Oto na obra

[119] Cf. KELSEN, Hans. *Teoria Pura do Direito*. 3. ed. São Paulo: Martins Fontes, 1991, p. 74.

Neoconstitucionalismo e Positivismo Jurídico[120]), a partir da busca da construção de uma autônoma razão teórica, as diversas posturas críticas buscaram, sob os mais diversos âmbitos, (re)introduzir os "valores" no direito. Assim, por exemplo, diante de uma demanda por uma tutela que esteja relacionada com a vida, com a dignidade da pessoa, enfim, com a proteção dos direitos fundamentais, o que fazer? Qual é a tarefa do jurista?

Definitivamente, o novo constitucionalismo – seja qual for o seu (mais adequado) sentido – não trouxe a indiferença. Na verdade, houve uma *pré-ocupação* de ordem ético-filosófica: a de que o direito deve se ocupar com a construção de uma sociedade justa e solidária. Em outras palavras, o desafio "neoconstitucional" (*lato sensu*) tem sido o seguinte: como fazer com que o direito não fique indiferente às injustiças sociais? Como fazer com que a perspectiva moral de uma sociedade que aposte no direito como o lugar da institucionalização do ideal da vida boa não venha pretender, em um segundo, "corrigir" a sua própria condição de possibilidade, que é o direito que sustenta o Estado Democrático?

Vejamos isso. O "neoconstitucionalismo" deveria ser sinônimo de "novo paradigma". Isto porque o direito – do paradigma exsurgido no segundo pós-guerra – deixa de ser meramente regulador para assumir uma feição de transformação das relações sociais, circunstância que pode ser facilmente constatada a partir do exame dos textos constitucionais surgidos a partir do segundo pós-guerra.

Com a desconfiança em relação ao legislativo (e às mutações produzidas pelas maiorias incontroláveis), passou-se a apostar em uma matriz de sentido dotada de garantias contra essas maiorias eventuais (ou não). Fazer democracia a partir do e pelo direito parece que passou a ser o lema dos Estados Democráticos. Isso implicou – e continua a implicar – mudanças de compreensão: como olhar o novo com os olhos do novo, sem correr o risco de transformar o novo no velho? Esse passou a ser o grande desafio da teoria do direito.

Pois bem. Quais seriam os elementos caracterizadores desse fenômeno (que uma das vertentes denominou de "neoconstitucionalismo")? Seria uma espécie de positivismo sofisticado? O "neoconstitucionalismo" teria características de continuidade, e não de ruptura?

---

[120] Cf. OTO, Écio; POZZOLO, Susanna. *Neoconstitucionalismo e Positivismo Jurídico*. 3. ed. Florianópolis: Conceito, 2012.

Não há suficiente clareza nas diversas teses acerca do significado do "neoconstitucionalismo".[121] Mas isso não constitui um problema. Ao contrário, possibilita a abertura para a reflexão. Alguns importantes juristas[122] procuram – seguindo uma antiga classificação de Norberto Bobbio para o positivismo – classificá-lo em neoconstitucionalismo ideológico, teórico ou metodológico. Penso, entretanto, que, exatamente pela perspectiva ruptural que assume e porque a questão é paradigmática, essa classificação não assume relevância, pelo menos para os limites de minhas reflexões.

Com efeito – mesmo que se admita essa tricotomia –, a um só tempo, o neoconstitucionalismo seria ideológico, porque alça a Constituição a "elo conteudístico" que liga a política e o direito (aqui se poderia falar no aspecto compromissório e dirigente da Constituição, que é, assim, mais do que norma com força cogente: representa uma justificação político-ideológica); seria teórico, porque estabelece as condições de possibilidade da leitura (descrição) do modelo de constitucionalismo e dos mecanismos para superação do positivismo (papel dos princípios como resgate do mundo prático expungido do direito pelo positivismo, problemática que deve ser resolvida a partir dessa teoria do direito e do Estado); e seria também metodológico, porque ultrapassa a distinção positivista entre descrever e prescrever o direito, sendo que, para tal, reconecta direito e moral (que ocorre sob vários modos, a partir de teses como a cooriginariedade entre direito e moral ou o papel corretivo que a moral assumiria neste novo modelo de direito).

O *neoconstitucionalismo* efetivamente vem gerando controvérsias. Em um primeiro momento, Ferrajoli pensava que o neoconstitucionalismo poderia ser uma "continuação natural do positivismo, um modo de 'completar' o paradigma positivista no novo contexto

[121] Aqui vale lembrar, como destaquei inicialmente, que essa heterogeneidade que permeia o chamado *neoconstitucionalismo* acaba por gerar sérios problemas com relação ao uso (e o abuso, em alguns casos) dessa nomenclatura. Por essa razão, e na tentativa de tornar ainda mais clara a minha posição teórica, optei por chamar de *Constitucionalismo Contemporâneo* o meu lugar de fala. Portanto, quando falo aqui de *neoconstitucionalismo* refiro-me às posições teóricas que, de alguma forma, estão escoradas no constitucionalismo do segundo pós-guerra; propõem uma atitude crítica perante o positivismo, mas que, ao fim e ao cabo, acabam por professar teses similares ao positivismo normativista. Ou seja, representam, quando muito, uma superação do positivismo exegético-conceitual-primitivo, mas não efetuam um salto qualitativo com relação à revisão do positivismo efetuada pelos teóricos normativistas. Não é o caso, evidentemente, de Écio Oto, Susanna Pozzolo e Prieto Sanchís. Refiro-me aqui, principalmente, ao *ab-uso* do termo no Brasil, onde o neoconstitucionalismo tem servido para incentivar, nos diversos ramos do direito, protagonismos judiciais.

[122] Essa classificação é feita por COMANDUCCI, Paolo. Formas de (neo)constitucionalismo. Un análises metateórico. In: CARBONELL, Miguel (org.). *Neoconstitucionalismo(s)*. Madrid: Trotta, 2003.

do Estado constitucional" ou que o positivismo viria a ser reforçado pelo neoconstitucionalismo.[123] Entretanto, recentemente, o mestre fiorentino alterou sua posição: não considera mais sua perspectiva teórica como sendo parte desse fenômeno *neoconstitucional*. Entende que as posturas teóricas *neoconstitucionalistas* acabam simplesmente por repristinar teses jusnaturalistas que reivindicam uma espécie perniciosa de conexão entre o direito e a moral.

Daí que, para ele, a questão precisa ser olhada através de outra lente. As posturas derivadas do *neoconstitucionalismo* representam um tipo *principialista de constitucionalismo*; ao passo que, no que tange à proposta teórica de Ferrajoli, ficaria melhor colocado o termo *constitucionalismo garantista*, cuja a principal característica reside no fato de se operar um aperfeiçoamento do positivismo jurídico a partir da função normativa atribuída aos direitos fundamentais.[124]

Essa questão me aproxima de Ferrajoli em um ponto: não é mais possível continuar nomeando, tal qual sucedeu com o mestre italiano, minha postura teórica de *neoconstitucionalista*.[125] Daí minha proposta em se falar de Constitucionalismo Contemporâneo, como faço em *Verdade e Consenso*.

De todo modo, vale lembrar que o neoconstitucionalismo tem sido teorizado sob os mais diferentes enfoques. Écio Oto, de forma percuciente, faz uma descrição das principais propriedades/características desse fenômeno.[126] Ele fala em onze características. Essa "planta" do neoconstitucionalismo possui a assinatura de autores do porte do próprio Écio Oto, Susanna Pozzolo, Prieto Sanchís, Sas-

---

[123] Cf. FERRAJOLI, Luigi. Iuspositivismo crítico y democracia constitucional. *Isonomia*, n. 16, 2002.

[124] Este é o posicionamento de Luigi Ferrajoli expresso em recente obra publicada no Brasil: *Garantismo, Hermenêutica e (Neo)Constitucionalismo*, por mim organizada, juntamente com Ferrajoli e André Karam Trindade. Este livro, que propõe a abertura de um espaço para diálogo entre juristas brasileiros e o professor italiano, é composto por quatro momentos: o primeiro, o estabelecimento, por Luigi Ferrajoli, de suas premissas teóricas, no texto "Constitucionalismo principialista e constitucionalismo garantista" (que motivou o debate); o segundo, que consiste na apresentação dos artigos dos autores brasileiros, na forma de réplica ao texto apresentado pelo jurista italiano; o terceiro, como uma resposta de Ferrajoli a cada um dos artigos que constituem o livro, consistindo em uma tréplica; e, por fim, a apresentação de um balanço final pelos organizadores. FERRAJOLI, Luigi; STRECK, Lenio Luiz; TRINDADE, André Karam. *Garantismo, (Neo)Constitucionalismo e Hermenêutica*: diálogos com Luigi Ferrajoli. Porto Alegre: Livraria do Advogado, 2012.

[125] Ver, nesse sentido, meu texto "Neoconstitucionalismo, positivismo e pós-positivismo", no livro *Garantismo, Hermenêutica e (Neo)constitucionalismo*, op. cit.

[126] Ver, para tanto, OTO, Écio; POZZOLO, Susanna, op. cit., p. 55 e segs. Nessa obra conjunta, Écio Oto, na primeira parte, elenca onze características que vem sendo atribuídas ao neoconstitucionalismo. Todas elas são analisadas por mim no Posfácio da referida obra (p. 171 e segs).

tre Ariza, Paolo Comanducci, Ricardo Guastini, com variações próprias decorrentes das matrizes teóricas que cada um segue.[127]

6.4. O neoconstitucionalismo não é "pós-positivista"

O pós-positivismo deveria ser a principal característica do neoconstitucionalismo. Mas não é. Ou seja, o *neoconstitucionalismo* somente teria sentido enquanto "paradigma do direito" se fosse compreendido como superador do positivismo ou dos diversos positivismos. Pós-positivismo não é uma continuidade do positivismo, assim como o neoconstitucionalismo não deveria ser uma continuidade do constitucionalismo liberal. Há uma efetiva descontinuidade de cunho paradigmático nessa fenomenologia, no interior da qual os elementos caracterizadores do positivismo são ultrapassados por uma nova concepção de direito.

Penso que o ponto fundamental é que o positivismo nunca se preocupou em responder ao problema central do direito, por considerar a discricionariedade judicial como uma fatalidade. A razão prática – que o positivismo chama de discricionariedade – não poderia ser controlada pelos mecanismos teóricos da ciência do direito. A solução, portanto, era simples: deixemos de lado a razão prática (discricionariedade) e façamos apenas epistemologia (ou, quando esta não dá conta, deixe-se ao alvedrio do juiz – eis o ovo da serpente gestado desde a modernidade).

Este ponto é fundamental para que fique bem claro para onde as teorias do direito pós-positivistas (ou não positivistas, o que dá no mesmo) pretendem apontar sua artilharia: o enfrentamento

[127] Além da obra de Écio Oto Ramos Duarte e Susanna Pozzolo aqui referida, há importantes discussões acerca da caracterização do neoconstitucionalismo brasileiro. Vejam-se as contundentes críticas que Dimitri Dimoulis faz às três características defendidas por Luis Roberto Barroso (reconhecimento da força normativa da Constituição, expansão da jurisdição constitucional e nova interpretação constitucional). Para Dimitri, o elemento peculiar – para ele, o único – do que se vem denominando de neoconstitucionalismo estaria "na crença de que a moral desempenha um papel fundamental na definição e na interpretação do direito". (Cf. Neoconstitucionalismo e moralismo jurídico. In: SARMENTO, Daniel (org.). *Filosofia e Teoria Constitucional Contemporânea*. Rio de Janeiro: Lumen Juris, 2009, p. 213-225). Outro trabalho de fôlego é feito por Daniel Sarmento (O neoconstitucionalismo no Brasil. In: LEITE, George Salomão; SARLET, Ingo. Wolfgang (coords.). *Direitos Fundamentais e Estado Constitucional*: estudos em homenagem a J. J. Gomes Canotilho. São Paulo: Revista dos Tribunais, 2008, p. 9-49), em que faz uma defesa do neoconstitucionalismo, entendendo este como uma teoria voltada para os princípios e para o uso da ponderação, além da firme atuação da justiça constitucional para a defesa dos valores e da conectividade do direito com a moralidade crítica. Em Sarmento, nota-se nitidamente que o neoconstitucionalismo está umbilicalmente ligado à defesa do poder discricionário dos juízes e do uso da ponderação.

do problema interpretativo, que é o elemento fundamental de toda experiência jurídica. Isto significa que, de algum modo, todas as teorias do direito que se projetam nesta dimensão *pós-positivista* procuram responder a este ponto; procuram enfrentar o problema das vaguezas e ambiguidades dos textos jurídicos; procuram, enfim, enfrentar problemas próprios da chamada razão prática – que havia sido expulsa do território jurídico-epistemológico pelo positivismo.

É nesse sentido que se torna importante consignar que essa expulsão da razão prática em favor de uma plenipotenciária razão teórica é algo comum, que atravessa ambos os positivismos (tanto o primitivo-legalista; quanto o normativismo-discricionário). Com efeito, aquilo que se iniciou com a codificação e a crença na pura lógica formal para conformação dos sentidos jurídicos chegou ao paroxismo com as construções normativistas (cujo maior exemplo é Kelsen) que chegaram ao ponto de, inclusive, separar os níveis de cientificidade do mundo jurídico.

Na verdade, é necessário ter presente que Kelsen era, antes de tudo, um crítico das tendências sociológicas que começaram a surgir no final do século XIX no âmbito da ciência jurídica (Movimento do Direito Livre e Jurisprudência dos Interesses). Entendia o mestre de Viena que o método lógico formal da jurisprudência dos conceitos era o que melhor poderia contribuir para a formação de uma ciência jurídica rigorosa. Porém, Kelsen sabia que os resultados alcançados pelos conceitualistas eram insuficientes, daí seu modelo de ciência ter incorporado os elementos do neopositivismo lógico. De todo modo, é importante ter presente que todo positivismo, em maior ou menor medida, acaba por efetuar essa exclusão da razão prática de sua esfera de atuação, o que, ao fim e ao cabo, irá gerar um problema no nível da interpretação jurídica.

Daí o epíteto *pós-positivismo*, que se refere à emergência de um novo modelo de teoria do direito, no interior da qual o problema da razão prática recebe uma espécie de "dignidade epistemológica".

Por isso estou convicto que somente pode ser chamada de pós-positivista uma teoria do direito que tenha, efetivamente, superado o positivismo, tanto na sua forma primitiva, exegético-conceitual, quanto na sua forma normativista, semântico-discricionária. A superação do positivismo implica enfrentamento do problema da discricionariedade judicial ou, também poderíamos falar, no enfrentamento do solipsismo da razão prática. Implica, também, assumir uma tese de descontinuidade com relação ao conceito de princípio.

Ou seja, no pós-positivismo os princípios não podem mais serem tratados no sentido dos velhos princípios gerais do direito, nem como cláusulas de abertura.

6.5. O problema da "ponderação" e o ovo da serpente do ativismo-decisionismo: os necessários alertas

Finalmente, cabe referir que, se o pós-positivismo tem sido considerado como o principal elemento diferenciador/caracterizador do neoconstitucionalismo, estou convicto de que a ponderação acabou por se transformar no grande problema e, por assim dizer, em um obstáculo ao próprio neoconstitucionalismo (compreendido como superador do positivismo que traz a discricionariedade como um de seus elementos estruturais).

O que quero dizer é que o neoconstitucionalismo não pode(ria) e não deve(ria) depender de juízos de ponderação, mormente se percebermos que "ponderação" e "discricionariedade" são faces de uma mesma moeda. Afinal, no modo como a ponderação vem sendo convocada (e "aplicada") em *terrae brasilis*, tudo está a indicar que não passa daquilo que Philipp Heck chamava, na Jurisprudência dos Interesses, de *Abwägung*, que quer dizer "sopesamento", "balanceamento" ou "ponderação". Com a diferença de que, na *Interessenjurisprudenz*, não havia a construção da "regra da ponderação". Na medida em que, nas práticas dos tribunais (assim como na doutrina) de *terrae brasilis* as "colisões de princípios" são "solucionadas" a partir de uma ponderação "direta", confrontando um princípio (ou valor ou interesse) com outro, está-se, na verdade, muito mais próximo da velha Jurisprudência dos Interesses, com fortes pitadas da *Wertungsjurisprudenz* (jurisprudência dos valores). E, assim, o neoconstitucionalismo acaba revelando traços que dão condições ao desenvolvimento do ativismo judicial, que à diferença do fenômeno da judicialização da política (que ocorre de modo contingencial, isto é, na insuficiência dos demais Poderes do Estado), apresenta-se como uma postura judicial para além dos limites estabelecidos constitucionalmente.

Neste contexto, não surpreende que, embora citada e recitada *ad nauseam* pela doutrina e pelos tribunais, não seja possível encontrar uma decisão sequer aplicando a regra da ponderação. Há milhares de decisões (e exemplos doutrinários) fazendo menção à ponderação, que, ao fim e ao cabo, é transformada em álibi teórico para o exercício dos mais variados modos de discricionarismos e axiologismos. Em diversas oportunidades, critiquei o *ab-uso* do que por aqui chamamos de "ponderar". Ao diagnóstico, já se agregava até levantamento empírico: Fausto de Moraes[128] mostra que a nossa Suprema Corte, nas quase duzentas vezes que lançou mão da ponderação nos últimos dez anos, *em nenhum dos casos o fez nos moldes propostos por seu criador alemão.*

Diante disso, insisto em dizer que foi um equívoco consagrar a ponderação no § 2º do art. 489, do CPC/2015. Mais que denunciar a má apropriação brasileira da teoria alexyana, a Crítica Hermenêutica do Direito antagoniza também sua formulação original. Nesse fatalismo discricionarista de Alexy, a tentativa de redenção metodológica resulta despistadora ("supremo momento da subjetividade", como explicito em vários textos, em especial no *Hermenêutica Jurídica e[m] Crise*).

Transitando no nível estruturante-compreensivo da racionalidade, pode-se apontar a Teoria da Decisão para a indisponibilidade dos sentidos, o "mínimo é" dito pelo texto que nós sabemos (e sabemos que sabemos), para além de qualquer método lógico-explicativo. Por isso insisto que os princípios fecham, e não abrem, a interpretação. E, também por isso, há muito defendo o dever judicial de fazer uma *accountabillity* hermenêutica, uma prestação de contas no uso desses sentidos públicos, de que o juiz não é dono. Mas a fundamentação adequada não passa pela ponderação, artifício que só a encobre.

Obviamente, não se deixa de reconhecer boas intenções ao projeto alexyano, tampouco se reivindica monopólio teórico ("a hermenêutica não quer ter a última palavra"). Contudo, mesmo contra "Alexy puro" podem e devem ser levantadas essas objeções. Afinal, na medida em que se tenta positivar uma tese, é desejável que acadêmicos discordantes se manifestem pela inconstitucionalidade, argumentando a partir de suas respectivas matrizes e mostrando perspectivas desconsideradas para o debate público. Para além disso: demonstrou-se que até os alexyanos deveriam desejar que tal artigo tivesse sido vetado, pois desloca apressadamente o âmbito da discussão deste tese (tão complexa quanto controversa) para o direito positivo.

---

[128] Tese de doutorado (sob minha orientação), agraciada com o Premio Capes 2014: SANTOS DE MORAIS, Fausto. *Hermenêutica e pretensão de correção:* uma revisão crítica da aplicação do princípio da proporcionalidade pelo Supremo Tribunal Federal. São Leopoldo, Universidade do Vale do Rio dos Sinos, 2013. Disponível em: http://biblioteca.asav.org.br/vinculos/000006/000006DF.pdf. Acesso em: 16/03/2015.

Assim, se já eram relevantes essas nossas restrições à ponderação, a perspectiva de incorporação legal de sua vulgata dá ao debate foros de dramaticidade. Urge insistir nisso, antes que se potencialize esse fator da crise no direito brasileiro – a ponto de, no julgamento do famoso *caso Elwanger*, dois ministros do STF terem dito que lançaram mão da ponderação (sim, essa mesma "ponderação" de que trata o CPC/2015) chegando a resultados absolutamente discrepantes: em nome da ponderação um concedia a ordem de *Habeas Corpus* e o outro não.

Havia de ter sido vetado o *§ 2º* do dispositivo. Sancionado, resta constranger epistemologicamente sua apropriação pelo imaginário jurídico, combatendo uma leitura discricionarista, que vai na contramão do artigo 93, X, da CF, do dispositivo que determina que a jurisprudência seja estável, coerente e íntegra (art. 926) e daquele que diz que as partes não podem ser surpreendidas (artigo 10), o que só poderá ser corrigido pelo respeito ao processo constitucional.

O malsinado dispositivo não pode servir para que o juiz ou tribunal escolha, de antemão, quem tem razão, ideológica-subjetivamente. Por exemplo, em caso de a amante buscar metade da herança, dizer (lembremos do TJ-MA[129]): há um conflito entre normas (entre o Código Civil e o principio da afetividade) e decidir, ponderando, contra a lei e a Constituição; ou, como denuncia Sergio Barroso de Mello, em ações de seguro, "juízes ignoram códigos", porque escolhem "a questão social" (como se bastasse ao juiz dizer

---

129 DIREITO DE FAMÍLIA. APELAÇÃO CÍVEL. AÇÃO DECLARATÓRIA DE UNIÃO ESTÁVEL POST MORTEM. CASAMENTO E UNIÃO ESTÁVEL SIMULTÂNEOS. RECONHECIMENTO. POSSIBILIDADE. PROVIMENTO. 1. Ainda que de forma incipiente, doutrina e jurisprudência vêm reconhecendo a juridicidade das chamadas famílias paralelas, como aquelas que se formam concomitantemente ao casamento ou à união estável. 2. A força dos fatos surge como situações novas que reclamam acolhida jurídica para não ficarem no limbo da exclusão. Dentre esses casos, estão exatamente as famílias paralelas, que vicejam ao lado das famílias matrimonializadas. 3. Para a familiarista Giselda Hironaka, a família paralela não é uma família inventada, nem é família imoral, amoral ou aética, nem ilícita. E continua, com esta lição: Na verdade, são famílias estigmatizadas, socialmente falando. O segundo núcleo ainda hoje é concebido como estritamente adulterino, e, por isso, de certa forma perigoso, moralmente reprovável e até maligno. A concepção é generalizada e cada caso não é considerado por si só, com suas peculiaridade próprias. É como se todas as situações de simultaneidade fossem iguais, malignas e inseridas num único e exclusivo contexto. O triângulo amoroso sub-reptício, demolidor do relacionamento número um, sólido e perfeito, é o quadro que sempre está à frente do pensamento geral, quando se refere a famílias paralelas. O preconceito – ainda que amenizado nos dias atuais, sem dúvida – ainda existe na roda social, o que também dificulta o seu reconhecimento na roda judicial. 4. Havendo nos autos elementos suficientes ao reconhecimento da existência de união estável entre a apelante e o de cujus, o caso é de procedência do pedido formulado em ação declaratória. 5. Apelação cível provida. (Apelação Cível nº 19048/2013, Terceira Câmara Cível, Tribunal de Justiça do MA, Relator: Desembargador Lourival de Jesus Serejo Sousa, Julgado em 10/07/2014)

que há um conflito entre normas para estar ponderando e decidindo conforme o novo CPC).[130]

Ou seja: de um lado, ganhamos excluindo o livre convencimento do novo CPC; de outro, arriscamos perder, dando poderes ao juiz de dizer: *aqui há uma colisão entre normas* (quando todos sabemos que regras e princípios são normas); como se o juiz, alegando que "há uma colisão entre normas" (*sic*), pudesse escolher a regra X ou o princípio Y. Decisão não é escolha. Não podemos perder 20 anos de teoria do direito.

Observe-se que, por si só, já é de duvidosa cientificidade a expressão "colisão de (ou 'entre' – *sic*) normas". Logo, há, aqui, um grave equívoco teórico. Quem disse que a ponderação (seja lá o que o legislador quis dizer com essa expressão) é necessária? Por exemplo, é possível demonstrar que essa história de colisão não passa de um álibi retórico para exercer a escolha arbitrária. Posso demonstrar que onde se diz existir uma "tal" colisão, na verdade o que existe é apenas um artifício para exercitar uma "livre escolha". Jusfilósofos como Juan Garcia Amado ironizam essa "manobra pseudo-argumentativa" que é lançar mão da ponderação.[131] O caso Elwanger, já referido alhures, é um bom exemplo, em que nada havia a "ponderar":[132] bastava aplicar a lei que dizia que *racismo é crime hediondo.* Na verdade, posso demonstrar que o argumento da "colisão" sempre chega atrasado.

Por isso, a proposta epistemo-procedural de Alexy radica-se na filosofia de consciência, incompatível com o paradigma da intersubjetividade em que se quer legitimado o Estado Democrático de Direito.

Por tudo isso, penso que a falta de concretização das Constituições programáticas demandou uma reformulação na teoria dos

---

[130] BARROSO DE MELLO, Sergio. Insegurança jurídica: em ações de seguro, juízes ignoram códigos para atender a questão social [entrevista]. Etrevistador: Giselle Souza. In: *Revista Consultor Jurídico*, 4 jan, 2015. Disponível em: <http://www.conjur.com.br/2015-jan-04/fim-de-entrevista-sergio-barroso-mello-advogado-area-seguros>. Acesso em: 15/03/2015.

[131] "Principios, reglas y otros misteriosos pobladores del mundo jurídico. Un alálisis (parcial) de la *Teoría de los Derechos Fundamentales* de Robert Alexy". In: Pablo Raúl Bonorino Ramírez, *Teoría del Derecho y decisión judicial*, Madrid: Bubok, 2010, págs. 281ss. Disponível em: <http://www.bubok.es/libros/175862/Teoria-del-Derecho-y-decision-judicial>. Acesso em: 15/03/2015.

[132] O melhor texto sobre isso é de: CATTONI DE OLIVEIRA, Marcelo Andrade. O caso Ellwanger: Uma crítica à ponderação de valores e interesses na jurisprudência recente do Supremo Tribunal Federal In: CATTONI, Marcelo. *Direito, política e filosofia:* contribuições para uma teoria discursiva da constituição democrática no marco do patriotismo constitucional. Rio de Janeiro, 2007, cap. 8., p. 113-125.

princípios, representada pelo abandono do chamado critério fraco de diferenciação (que considera princípio e regra com a mesma estrutura lógica hipotético-condicional e com diferentes densidades semânticas) para a adoção do critério forte de distinção, onde os princípios assumiam estrutura lógica diferente daquela que identificava a regra. Isso colocou os princípios sob o manto metodológico da ponderação (enquanto que a regra se mantinha na subsunção – *sic*!), permitiu novas possibilidades para os princípios e não demorou muito para que estivéssemos falando em aplicação direta mediante ponderação controlada pela proporcionalidade (*sic*). Mas o fato é que esse giro não conferiu ao princípio suficiência ôntica-semântica, além de ter mantido intacto o erro originário: o mundo prático foi jogado para "dentro" do sistema e, a partir dessa operação, pensado como tal (como sistema). Ou seja, o mundo prático que é concreto ou, na falta de uma melhor palavra, pragmático, paradoxalmente é retratado ao modo da abstratalidade própria da ideia de sistema. A percepção originária de que os princípios não possuíam densidade semântica conteve, bem ou mal, o avanço da "pamprincipiologia", mas o equívoco no diagnóstico da crise fez com que os princípios elevassem o grau de discricionariedade, decisionismo e arbitrariedade.

Isso tem acarretado, no âmbito da teoria constitucional (ou dogmática constitucional), proposições no sentido de que, além da ponderação de princípios, deva existir também uma ponderação entre regras (por certo, essa não é a posição de Écio Oto, Pozzolo e Prieto Sanchís e tampouco de Alexy). Interessante notar que, se aceitarmos essa tese – hoje muito difundida em *terrae brasilis* –,[133] a distinção oferecida por Alexy não se sustenta. Com efeito, se a ponderação é um dos fatores centrais que marcam a distinção entre regras e princípios de Alexy, e se a ponderação é o procedimento do qual o resultado será uma regra posteriormente subsumida ao caso concreto, o que temos como resultado da "ponderação de regras"? Uma "regra" da regra? Uma regra para aplicação da regra?

Em termos práticos (e no interior do pensamento alexiano), a distinção entre regras e princípios perde a função, uma vez que não há mais a distinção subsunção-ponderação. Isso faz com que a ponderação se transforme em um procedimento generalizado

[133] Por todos, vale mencionar Humberto Ávila (*Teoria dos princípios*. 9. ed. São Paulo: Malheiros, 2009), Luis Roberto Barroso e Ana Paula Barcellos (O começo da história. A nova interpretação constitucional e o papel dos princípios no direito brasileiro. In: BARROSO, Luís Roberto. *A nova interpretação constitucional*: ponderação, direitos fundamentais e relações privadas. Rio de Janeiro: Renovar, 2003), que sustentam a possibilidade de ponderação de regras.

de aplicação do direito. Desse modo, em todo e qualquer processo aplicativo, haveria a necessidade de uma "parada" para que se efetuasse a ponderação. Tal empresa – estender a ponderação para a aplicação de regras – se mostra destituída de sentido prático, visto que da regra irá resultar outra regra, essa sim aplicável ao caso.

De todo modo, o problema principal da ponderação é a sua filiação ao esquema sujeito-objeto e a sua dependência da discricionariedade, *ratio* final. Desse modo, se a discricionariedade é o elemento que sustenta o positivismo jurídico nos "casos difíceis" e nas vaguezas e ambiguidades da linguagem dos textos jurídicos, não parece que a ponderação seja "o" mecanismo que livre (ou arranque) o direito dos braços do positivismo. Pode até arrancá-lo dos braços do positivismo primitivo; mas o atira nos braços de outra forma de positivismo – axiologista, normativista ou pragmaticista. Veja-se: a teoria da argumentação – de onde surgiu a ponderação – não conseguiu fugir do velho problema engendrado pelo subjetivismo, a discricionariedade, circunstância que é reconhecida pelo próprio Alexy.[134]

Esse é o problema. O sopesamento. Quem escolhe os princípios a serem sopesados? Numa palavra: dizer que a ponderação é um elemento caracterizador do neoconstitucionalismo está correto. Mas é exatamente por isso que, nos moldes em que situo o Constitucionalismo Contemporâneo, não há espaço para a ponderação.

Desse modo, afastei-me do neoconstitucionalismo porque ele aposta em elementos não democráticos, como a ponderação e a discricionariedade judicial. Ou seja, a grande pergunta não é respondida pelas teses neoconstitucionalistas: quem controla aquele que controla ou diz por último o que a lei (ou a Constituição) é? A pergunta que acrescento é anterior: no caso da ponderação, *quem escolhe os princípios a serem ponderados?* E quais os pesos a serem conferidos a cada um dos princípios para a construção da regra de ponderação? Mais ainda: a subsunção – admitida para os casos fáceis – tem lugar no plano de um paradigma filosófico que ultrapassou o esquema sujeito-objeto? E por que a regra de direito fundamental adscripta (resultado da ponderação) se transforma em uma subsunção de segundo grau ou uma "metassubsunção"?

Na perspectiva do *Constitucionalismo Contemporâneo* que defendo em *Verdade e Consenso* – portanto, para além das diferentes formas de positivismo –, a juridicidade não se dá nem subsuntiva-

[134] Cf. ALEXY, Robert. *Teoria dos Direitos Fundamentais,* op. cit., p. 611.

mente, nem dedutivamente. Ela se dá na *applicatio*, em que interpretar e aplicar *não* são atos possíveis de cisão. Isso implica afirmar – e superar – a distinção entre casos fáceis e casos difíceis. É sabido que, para as teorias da argumentação, os casos fáceis são solucionados pela via da subsunção, circunstância que, no limite, dispensa a mediação interpretativa. Afinal, subsunção pressupõe esgotamento prévio das possibilidades de sentido de um texto e um automático acoplamento do fato (aqui se pressupõe também a cisão entre questão de fato e questão de direito). Como já referido, tal perspectiva implica um mergulho no esquema sujeito-objeto, portanto, aquém do giro linguístico-ontológico.

A questão, entretanto, assume contornos mais complexos quando as teorias da argumentação, a partir dessa distinção estrutural *easy-hard cases*, sustentam que os princípios (somente) são chamados à colação para a resolução dos assim denominados casos difíceis. Mas, pergunto: um caso pode ser fácil ou difícil antes de "acontecer juridicamente"? Veja-se que, aparentemente, a distinção *easy-hard cases* não acarretaria maiores problemas no plano hermenêutico-aplicativo, não fosse o seguinte ponto: o de que é pela ponderação que se resolverão os *hard cases*. Dito de outro modo, a admissão da cisão estrutural *easy-hard cases* passa a ser condição de possibilidade do ingresso da ponderação no plano da interpretação jurídica. Tudo isso para dizer que não podemos mais aceitar que, em pleno Estado Democrático de Direito, ainda se postule que a luz para determinação do direito *in concreto* provenha do protagonista da sentença,[135] Isso quer dizer que, para além da cisão estrutural entre casos simples e casos difíceis, não pode haver decisão judicial que não seja *fundamentada* e *justificada* em um todo coerente de princípios que repercutam a história institucional do direito. Desse modo, tem-se por superada a discricionariedade (que, no mais das

[135] Do mesmo modo, a ideia de imparcialidade pura do juiz ou o uso de estratégias argumentativas para isentar a responsabilidade do julgador no momento decisório podem levar à introdução de argumentos de política na decisão jurídica. Nesse sentido são precisas as afirmações de Dworkin: "A política constitucional tem sido atrapalhada e corrompida pela ideia falsa de que os juízes (se não fossem tão sedentos de poder) poderiam usar estratégias de interpretação constitucional politicamente neutras. Os juízes que fazem eco a essa ideia falsa procuram ocultar até de si próprios a inevitável influência de suas próprias convicções, e o que resulta daí é uma suntuosa mendacidade. Os motivos reais das decisões ficam ocultos tanto de uma legítima inspeção pública quanto de um utilíssimo debate público. Já a leitura moral prega uma coisa diferente. Ela explica porque a fidelidade à Constituição e ao direito *exige* que os juízes façam juízos atuais de moralidade política e encoraja assim a franca demonstração das verdadeiras bases destes juízos, na esperança de que os juízes elaborem argumentos mais sinceros, fundados em princípios, que permitam ao público participar da discussão" (*Direito de Liberdade:* Leitura Moral da Constituição Americana. São Paulo: Martins Fontes, 2006, p. 57)

vezes, descamba na arbitrariedade interpretativa) a partir do dever fundamental de resposta correta que recai sobre o juiz no contexto do paradigma do Estado Democrático de Direito. O modo como fazer isso procuro delinear em *Verdade e Consenso*,[136] para onde remeto o leitor.

[136] STRECK, Lenio Luiz. *Verdade e Consenso*, op. cit.

7. Os modelos de juiz diante da democracia e da divisão de poderes no Estado Democrático de Direito

7.1. Os "modelos" de juiz surgidos nas décadas pós-positivistas

Para uma melhor compreensão acerca do papel do intérprete do direito nesta quadra da história, faz-se necessária a desconstrução de uma tese que vem servindo de base para a caracterização dos modelos de direito e de juiz nos diversos sistemas jurídicos contemporâneos, o que tem levado a diversos e diferentes equívocos na teoria do direito. Essa questão tem uma relação umbilical com a questão da democracia e da divisão de poderes, na medida em que a jurisdição constitucional afetará essa problemática de acordo com aquilo que se pode denominar de teoria da decisão e o papel a ser exercido pelo juiz.

Uma discussão que atravessa os anos institucionalizou os modelos de juiz, como sendo *Júpiter, Hércules, Hermes,* a partir de um conhecido texto de François Ost,[137] em que o professor belga propõe uma espécie de juiz pós-moderno-sistêmico (Hermes) que atuaria em rede e superaria, com grande vantagem, os "modelos anteriores". Com efeito, para Ost, basicamente a teoria do direito trabalha com dois modelos de juiz, que também simboliza(ria)m "modelos de direito" (Júpiter e Hércules). Consequentemente, simbolizaram também os modelos de jurisdição. O primeiro representaria o modelo liberal-legal, de feição piramidal-dedutivo, isto é, sempre dito a partir do alto, de algum "monte Sinai"; esse direito adota a forma de lei e se expressa em forma de imperativo, vindo a ser representado pelas tábuas da lei ou códigos e as Constituições modernas,

[137] OST, François. Júpiter, Hércules, Hermes: tres modelos de juez. In: *Doxa, Cuadernos de Filosofia del Derecho,* n. 14, Alicante, 1993, p. 170-194.

sendo que dessa parametricidade é que são deduzidas as decisões particulares.

Já o modelo herculeano está sustentado na figura do juiz, que seria a única fonte do direito válido. Trata-se de uma pirâmide invertida, no dizer de Ost. É Dworkin quem, no dizer do autor, ao revalorizar até o extremo a figura do juiz moderno, atribui-lhe as características de Hércules. Embora diga que não pretende "equiparar" a tese de Dworkin aos realistas ou pragmatistas, Ost termina por colocar no Hércules dworkiano os "defeitos" que caracterizariam o juiz "monopolizador da jurisdição" no modelo de direito do Estado Social, em que o direito "se reduz ao fato", enfim, à indiscutível materialidade da decisão. Esse juiz propiciaria um deciosionismo, a partir da proliferação de decisões particulares.

Como contraponto, Ost apresenta um *tertius genus*, o juiz Hermes, que adota a forma de rede; nem um pólo, nem dois, isto é, nem a pirâmide e nem um funil, e tampouco a superposição dos dois, senão uma multiplicidade de pontos de inter-relação; um campo jurídico que analisa como uma combinação infinita de poderes, tanto separados como confundidos, amiúde intercambiados; uma multiplicação dos atores, uma diversificação de regras, uma inversão de réplicas; tal circulação de significados e informações não se deixa aprisionar em um código ou em uma decisão: expressa-se sob a forma de um banco de dados. Assim, segundo Ost, o direito pós-moderno, o direito de Hermes, é uma estrutura em rede que traduz em infinitas informações disponíveis instantaneamente e, ao mesmo tempo, dificilmente matizáveis. Trata-se, em síntese, de uma teoria lúdica do direito. O juiz Hermes não é nem transcendência nem imanência; encontra-se em uma e outra dialética ou paradoxalmente (uma e outra).

Penso que, examinada à luz da hermenêutica filosófica e do constitucionalismo contemporâneo, assim como a partir das diversas teorias do direito surgidas no século XX, a tese de Ost merece uma série de objeções, não tanto na parte em propõe o Hermes como solução (que, a toda evidência, apresenta aspectos de grande relevância), mas, fundamentalmente, em relação às críticas ao "modelo herculeano".

Assim, em *primeiro* lugar, a objeção decorre do fato de haver um excessivo esforço em enquadrar o "modelo herculeano" no modelo de direito do Estado Social, colocando-o como uma antítese do juiz que caracterizaria o modelo de Estado Liberal (o modelo jupiteriano), como se o modelo do "juiz do estado Liberal" fosse o juiz do positivismo primitivo (fase exegética do positivismo) e o segundo fosse o do modelo que simplesmente supera esse modelo, ou seja, no primeiro o "juiz seria a boca da lei" e seu superador seria o "juiz que faz a lei"...! Como veremos, isso constitui um equívoco.

A objeção seguinte decorre do fato de Ost não levar em conta que o juiz Hércules é uma metáfora e que representa exatamente o contrário do que sua tese pretende denunciar, isto é, *Hércules definitivamente não é a encarnação do "juiz/sujeito-solipsista"*, mas sim, é a antítese do juiz discricionário, este sim refém da filosofia da consciência (essa discussão, lamentavelmente, não aparece no texto, talvez porque a atuação de Hermes "em rede" supere, na tese de Ost, o "sujeito da relação").[138]

Como terceira objeção, a tese peca também porque tudo aquilo que Ost aponta como missões do Hércules "assistencialista" (*v.g.*, "conciliar as economias familiares em crises; dirigir as empresas em dificuldades evitando, se possível, a quebra; julgar se corresponde ao interesse da criança ser reconhecido pelo seu pai natural, quando a mãe se opõe – art. 319.3 do Código Civil da Bélgica; apreciar se a interrupção voluntária da gravidez pode ser justificada pelo "esta do de angústia" da mulher grávida – art. 348 e seguintes do Código Penal belga; intervir efetivamente em conflitos coletivos de trabalho e decidir, em procedimentos de urgência, se a greve dos pilotos da companhia de aviação nacional, prevista para o dia seguinte às seis horas, é lícita ou não; julgar se o aumento de capital decidido com o objetivo de opor-se a uma oferta pública de compra de uma *holding*, cuja carteira de ações representa um terço da economia do país, está em conformidade com a lei; ou, ainda, impor sanções a trabalhadores e empresas que ameaçam o equilíbrio ecológico") *também pode ser feito sem que o juiz ou o tribunal pratique decisionismos ou arbitrariedades* (ou assistencialismos), ou seja, Ost esquece que a coerência e a integridade – própria do modelo dworkiano – constituem-se em blindagem contra aquilo que Ost acredita ser característica do modelo herculeano. Na sequência, em quarto lugar, Ost não comenta os efeitos colaterais e as consequências para o próprio constitucionalismo de um "não intervencionismo" do judiciário (ou justiça constitucional) para atender os pleitos sobre direitos funda-

[138] Essa questão é extremamente relevante, porque a perspectiva sistêmica, ao decretar a "morte" do sujeito", aproxima-a dos modelos desconstrutivistas, isto é, a superação do esquema sujeito-objeto acaba anulando o próprio sujeito. Por isso, é necessário insistir, a partir, evidentemente, de um olhar heideggero-gadameriano, que a invasão da filosofia pela linguagem e o resgate do mundo prático não representou a morte do sujeito, e, sim, apenas a morte da subjetividade assujeitadora (certeza de si do pensamento pensante).

mentais (e os exemplos tratam das mais variadas formas de violação de direitos).

Em quinto lugar, ao dizer que, "na gestão do juiz Hércules", a generalidade e a abstração da lei dão lugar à singularidade e à concretude do juízo, o professor belga passa a impressão de que, mesmo nesta quadra do tempo, ainda vivemos sob a égide do velho modelo de regras, como se não tivesse ocorrido a revolução copernicana do neoconstitucionalismo (ou, se houve alguma ruptura, essa fica, na opinião de Ost, reduzida ao modelo de direito do estado Social). Ao que tudo indica, para ele, os princípios não são "os princípios" que institucionalizaram *stricto sensu* a moral no direito (o ideal de vida boa, o "bom direito") a partir da produção democrática (Constituições compromissórias e dirigentes), não havendo sinais, na aludida tese, sobre o papel da moral no Estado Democrático de Direito. Ao contrário, as indicações da tese de Ost, no particular, são de que os princípios são aqueles "gerais do direito", que têm a função de otimizar a interpretação, fechando e abrindo, autopoieticamente, o sistema jurídico.

Isso leva à sexta objeção, representada pelo reducionismo que o autor pretende fazer dos modelos de direito e de juiz. Com efeito, o que fazer com o juiz "ponderador" de Alexy, que, nos "casos difíceis" – não solucionáveis por subsunção – apela para um sopesamento (*sic*) entre os princípios que estão em colisão? E os juízes analíticos, característicos de modelos metodológicos apresentados por Aarnio e MacCormick, para citar apenas estes? E qual o papel do juiz exsurgente da teoria do discurso desenvolvido por Habermas?[139]

O sétimo ponto de discórdia diz com o fato de que a tese de Ost ignora (passa ao largo) (d)o paradigma do Estado Democrático de Direito, entendido como um *plus* normativo e qualitativo superador dos modelos de direito liberal e social, circunstância que faz com que *não leve em conta o papel do constitucionalismo enquanto rompimento com o positivismo e o modelo de regras*; prova disso é a observação que faz, baseado em texto de 1990, de André-Jean Arnaud,[140] de que "filósofos, teóricos e sociólogos se esforçam atualmente para substituir o direito rígido, fundado sobre a toda poderosa lei, por um direito flexível que toma em conta o relativismo, o pluralismo e o pragmatismo característicos da época pós-moderna", como se a teo-

---

[139] HABERMAS, Jurgen. *Faktizität und Geltung*. Beiträge zur Diskurstheorie des Rechts und des demokratischen Rechsstaats. Frankfurt am Main, Suhrkamp, 1992.

[140] ARNAUD, André-Jean. *Le courrier du CNRS. Les sciences du droit*, abril de 1990, p. 81.

ria do direito não tivesse avançado para (muito) além desse debate acerca da superação do "modelo do direito rígido fundado na toda poderosa lei" e a dicotomia "monismo-pluralismo". Veja-se que o próprio Ost diz que "ao monismo haveria-se de opor, não a dispersão, mas sim, o pluralismo, o absolutismo binário permissão-proibição, válido-não válido, haveria que substituir pelo relativismo e o gradualismo, que não se transforma, por isso, em ceticismo".

A oitava divergência se instaura porque a tese de Ost passa ao largo do enfrentamento entre positivismo e constitucionalismo e, consequentemente, da superação do modelo subsuntivo e da distinção (não lógico-estrutural, é claro) entre regra e princípio. E tal circunstância não pode escapar de qualquer discussão acerca do direito nesta quadra da história.

Nono, porque, ao propor o modelo de Hermes como um avanço em relação ao convencionalismo de Júpiter e ao "invencionismo" de Hércules, isto é, ao afirmar que o seu juiz Hermes respeita o caráter hermenêutico ou reflexivo do raciocínio jurídico, que, portanto, não se reduz nem à imposição e nem à simples determinação anterior, o Hermes de Ost acaba sendo, paradoxalmente, o Hércules de Dworkin (obviamente na leitura que Ost faz do Hércules dworkiniano). Do mesmo modo, ao dizer que as fronteiras que separam o sistema e seu meio ambiente não deixam de ser móveis e paradoxais, como se os limites do direito e do não direito fossem reversíveis, *Ost faz concessões ao Hércules que ele mesmo critica* (afinal, como ele mesmo diz, um jogo, como o direito, é sempre, ao mesmo tempo, algo mais que ele mesmo, apesar dos esforços desenvolvidos para uniformizar seu funcionamento e pormenorizar seus dados).

Por fim, em décimo lugar, em relação à crítica de Ost de que, afora o fato de que tanto o modelo jupiteriano como o modelo herculeano estão em crise, "eles apenas oferecem representações empobrecidas da situação que pretendiam descrever em sua época", lembro que não se pode cair em idealizações ou idealismos, como se fosse possível ignorar que o paradigma do Estado Democrático de Direito e o tipo de constitucionalismo instituído em grande parte dos países após o segundo pós-guerra aumentou sobremodo a demanda pela intervenção do poder judiciário (ou da justiça constitucional, na forma de Tribunais Constitucionais). Ora, isso apenas implica reconhecer que é inexorável que "alguém decida", até para não transformar a Constituição em uma "mera folha de papel".

Assim, em síntese, contrapor o modelo de Hermes aos modelos de Júpiter (Estado Liberal) e Hércules (Estado Social) apenas comprova o grande dilema que atravessa a metodologia contemporânea: como se interpreta e como se aplica, isto é, quais as condições que tem o juiz ou tribunal (porque, permito-me insistir no óbvio, alguém tem que dizer por último o sentido da Constituição), para proferir as respostas aos casos em julgamento.

Não parece adequada, portanto, a tese da contraposição do modelo de direito do Estado Social ao modelo de direito do Estado Liberal. Isso seria ignorar os dois pilares sobre as quais está assentado um terceiro modelo, o do Estado Democrático de Direito: a proteção dos direitos sociais-fundamentais e o respeito à democracia.

Em outras palavras, se é inexorável que, a partir do segundo pós-guerra, diminui o espaço de liberdade de conformação do legislador em favor do controle contramajoritário feito a partir da jurisdição constitucional, é exatamente por isso que devem ser construídas as condições de possibilidade para evitar discricionariedades, arbitrariedades e decisionismos, ou seja, *o constitucionalismo destes tempos pós-positivistas assenta seus pilares no novo paradigma linguístico-filosófico*, superando quaisquer possibilidades de modelos interpretativos (se se quiser, hermenêuticos) sustentados no esquema sujeito-objeto.

É, portanto, desse modo que se busca a superação do velho positivismo. E é por isso mesmo que o Hércules de Dworkin não pode ser epitetado de "invencionista" ou "solipsista" (ou qualquer variação realista ou pragmatista). Do mesmo modo – embora essa questão não esteja abarcada pelo texto de Ost –, a busca de respostas corretas em direito não pode sofrer críticas porque estaria assentado em um juiz que "carregaria o mundo nas costas". Ao contrário, pela simples razão de que *a busca de respostas corretas é um remédio contra o cerne do modelo que, dialeticamente, engendrou-o*: o positivismo e sua característica mais forte, a discricionariedade.

Não há um Hércules no modelo da hermenêutica aqui trabalhado (não podemos esquecer que o Hércules de Dworkin instala-se na teoria do direito *para demonstrar que a discricionariedade é antidemocrática* e que, ao rejeitar qualquer posição pessoal do juiz e colocar ênfase na sua responsabilidade política, *superou o esquema sujeito-objeto*). Na hermenêutica filosófica aqui professada, o círculo hermenêutico "atravessa" a compreensão antes que o sujeito pense que se assenhora da interpretação e dos sentidos. Por isso, a resposta correta que sempre pode e deve ser encontrada não reside no juiz/intérprete enquanto sujeito do "esquema sujeito-objeto", mas, sim, no juiz/intérprete da relação de compreensão baseada na intersubjetividade (sujeito-sujeito). Assim, o ponto fulcral não é quem dá a resposta correta, *mas como esta se dá.*

7.2. Da metáfora do juiz (Hércules) à metáfora da resposta (correta) ou de como a resposta correta deve ser compreendida como uma metáfora

Frente ao estado da arte representado pelo predomínio do positivismo, que sobrevive a partir das mais diversas posturas e teorias sustentadas, de um modo ou de outro, *no predomínio do esquema sujeito-objeto* – problemática que se agrava com uma espécie de protagonismo do sujeito-intérprete (especialmente, juízes e tribunais) em pleno paradigma da intersubjetividade – penso que, mais do que possibilidade, a busca de respostas corretas em direito é uma necessidade.

Por isso, a resposta correta que venho propondo,[141] a partir de uma simbiose entre a teoria integrativa de Dworkin[142] e a fenomenologia hermenêutica (que abarca a hermenêutica filosófica), deve ser entendida como uma metáfora.[143] Afinal, metáforas servem para explicar coisas. Isso, à evidência, implica pensar esse modelo dentro de suas possibilidades. Com efeito, metáforas são criadas porque se acredita que um determinado fenômeno poderá ser melhor explicado a partir da explicação já consolidada de um outro fenômeno, ou seja, a "operação com que transferimos significados não sensíveis para imagens ou remetemos elementos sensíveis a esferas não sensíveis".[144] Portanto, se considerarmos que essa distinção fundamental entre sensível e não sensível não existe, a colocação da metáfora representa uma atitude tipicamente metafísica, induzindo o agente a compreendê-la como um ponto de partida universal.

Contudo – e essa advertência reveste-se de fundamental relevância, para não gerar mal-entendidos –, se a metáfora for pensada dentro das limitações de uma linguagem apofântica, que terá sem-

---

141 STRECK, Lenio Luiz. *Verdade e Consenso*... op. cit.

142 DWORKIN, Ronald. *Law's Empire*...op. cit., e *Taking Rights Seriously*... op. cit.

143 Parece despiciendo referir que a resposta correta não é, jamais, uma resposta definitiva. Do mesmo modo, a pretensão de se buscar a resposta correta não possui condições de garanti-la. Corre-se o risco de se produzir uma resposta incorreta. Mas o fato de se obedecer à coerência e à integridade do direito, a partir de uma adequada suspensão de pré-juízos advindos da tradição, já representa o primeiro passo no cumprimento do direito fundamental que cada cidadão tem de obter uma resposta adequada a Constituição.

144 STEIN, Ernildo. *Pensar é pensar a diferença*. Ijuí: Editora Unijuí, 2002, p. 69 e segs.

pre como pressuposto a dimensão hermenêutica da linguagem, ela permitirá, a exemplo do neologismo, uma aproximação entre o dito e o fenômeno já compreendido, uma vez que nela encerra, como já foi visto, um grau de objetivação minimamente necessário. A metáfora é entendida, assim, como a possibilidade, a partir da diferença ontológica, de "ligar" significantes e significados. A metáfora significa a impossibilidade de sinonímias "perfeitas".

A metáfora da resposta correta será, desse modo, a explicitação de que é possível atravessar o "estado de natureza hermenêutico" instalado no direito. A metáfora nos mostra que, ao nos situarmos no mundo, isso não implica um *genesis* a cada enunciação. Dito de outro modo, pela metáfora da resposta correta – compreendida nos moldes aqui delimitados – estabelece-se a convicção (hermenêutica) de que há um desde-já-sempre (existencial) que conforma o meu compromisso minimamente objetivado(r).

A construção da metáfora da resposta correta deita raízes em outra metáfora. Com efeito, Hobbes criou a metáfora do contrato social para explicar a necessidade de superar a barbárie representada pela fragmentação do medievo. Mas, mais do que isso, fê-lo para demonstrar que o Estado é produto da razão humana. Para tanto, contrapôs a soberania "do um" para superar a soberania fragmentada/dilacerada "de todos", isto é, contra a barbárie representada pelo Estado de Natureza, contrapôs a civilização. E isso somente seria possível através de um contrato. Não um contrato *stricto sensu*, mas um "contrato metafórico".

Penso que, de algum modo, é necessário enfrentar o "estado de natureza hermenêutico" em que se transformou o sistema jurídico. A "liberdade" na interpretação dos textos jurídicos proporcionada pelo império das correntes (teses, teorias) ainda arraigadas/prisioneiras do esquema sujeito-objeto tem gerado esse "estado de natureza interpretativo", representado por uma "guerra de todos os intérpretes contra todos os intérpretes", como que repristinando a fragmentação detectada tão bem por Hobbes. Cada intérprete parte de um "grau zero" de sentido. Cada intérprete reina nos seus "domínios de sentido", com seus próprios métodos, metáforas, metonímias, justificativas, etc. Os sentidos "lhe pertencem", como se estes estivessem a sua disposição, em uma espécie de reedição da "relação de propriedade" (neo)feudal. Nessa "guerra" entre os intérpretes – afinal, cada um impera solipsisticamente nos seus "domínios de sentido" – reside a morte do próprio sistema jurídico.

Por tais razões é que a tese da resposta correta em um sistema "não avançado" (lembremos a observação de Dworkin sobre a temática, com a qual não é possível concordar) não é uma possibilidade, e sim, *uma necessidade.* Como já explicitado anteriormente, isso implica a superação do esquema sujeito-objeto, a partir dos dois teoremas fundamentais da hermenêutica: o círculo hermenêutico e a diferença ontológica. Com isso, ultrapassa-se qualquer possibilidade da existência de grau(s) zero(s) de sentido – que se sustentam naquilo que venho denominando de "ideologia do caso concreto" –, resgatando a tradição autêntica (sentido da Constituição compreendido como o resgate das promessas da modernidade) e reconstruindo, a partir dessas "premissas", em cada caso, a integridade e a coerência interpretativa do direito.

A resposta correta é uma metáfora, como o juiz Hércules de Dworkin também o é. Para tanto – e aqui vai uma advertência indispensável –, a ruptura com o "estado de natureza hermenêutico" não se dará através de uma delegação em favor de uma instância última, isto é, um "abrir mão do poder de atribuir sentidos em favor de uma espécie de Leviatã hermenêutico".

Dito de outro modo, se a resposta para a fragmentação do estado de natureza medieval foi a delegação de todos os direitos em favor do Leviatã representado pela soberania absoluta do Estado (o Estado Moderno absolutista superou, desse modo, a forma estatal medieval), na hermenêutica jurídica de cariz positivista, a resposta para o império dos subjetivismos, axiologismos, realismos ou o nome que se dê a tais posturas – que colocam no intérprete (juiz, tribunal) o poder discricionário de atribuir sentidos – *não pode ser, sob hipótese alguma, a instauração de uma supra-hermeneuticidade ou a delegação dessa função para uma super-norma* que possa "prever todas as hipóteses de aplicação", que, *mutatis, mutandis,* é a pretensão última das súmulas vinculantes. Assim, contra o caos representado pelos decisionismos e arbitrariedades, o *establishment* propõe um "neo-absolutismo hermenêutico".

Sendo mais claro, as súmulas vinculantes – do modo como são compreendidas pela dogmática jurídica (senso comum teórico) – encarnam essa instância controladora de sentidos metafisicamente, isto é, através delas, acredita-se que é possível lidar com conceitos sem as coisas, sem as peculiaridades dos casos concretos (o inusitado nisso é que, paradoxalmente, o império das múltiplas respostas se instaurou, exatamente, a partir de uma analítica de textos em abstrato). As súmulas constituem uma espécie de "adiantamento de sentido", uma "tutela antecipatória de palavras"...!

Não esqueçamos que as súmulas são decisões de caráter aditivo/manipulativo. Afinal, não existe súmula que refira, por exemplo, que determinado dispositivo é inconstitucional, pela simples razão de que, se tal dispositivo efetivamente fosse inconstitucional, teria sido assim declarado (ou isso ou teremos que aceitar uma certa esquizofrenia em nosso sistema jurídico). Vale lembrar que sempre houve no sistema um considerável número de súmulas enquadráveis como *contra legem*/inconstitucionais e *extra legem*. Os tribunais, quotidianamente, constroem normas jurídicas, através de novos textos (além da construção *stricto sensu* de novos textos legais, os tribunais efetuam forte atividade corretiva, o que se pode ver, *v.g.*, no julgamento do HC nº 72862-6),[145] que sequer necessitam ser transformadas em súmulas, alterando o ordenamento jurídico, sem que isto cause perplexidade no imaginário dos juristas. Na realidade, tais decisões somente causam perplexidade – e só então a questão é trazida para a discussão da dicotomia jurisdição-legislação e suas consequências – *quando determinadas decisões interpretativas (seja a classificação que se dê) mostram-se em desconformidade com o teto hermenêutico preestabelecido pela doutrina e pela jurisprudência*. Ou seja, o limite do sentido e o sentido do limite ficam adstritos àquilo que o sentido comum aceita como possibilidade construtiva.

Da maneira como são compreendidas as súmulas vinculantes no interior do imaginário metafísico-positivista, estas se colocam como sucedâneos dos conceitos universais próprios da metafísica clássica-essencialista, justamente combatida por Hobbes (para não perder o valor da metáfora que fundamentou a superação da forma de dominação medieval), com a agravante, aqui, de que elas são criadas a partir de uma institucionalização de subjetivismos, axiologismos e realismos (todas variantes do esquema sujeito-objeto).

Forma-se, desse modo, um círculo vicioso: primeiro, admite-se discricionarismos e arbitrariedades em nome da "ideologia do caso concreto", circunstância que, pela multiplicidade de respostas, acarreta um sistema desgovernado, fragmentado; na sequência, para controlar esse caos, busca-se construir conceitos abstratos com pretensões de universalização, como se fosse possível uma norma jurídica abarcar todas as hipóteses (futuras) de aplicação.

---

[145] Cf. Jurisprudência do Supremo Tribunal Federal do Brasil, DJ 25.10.96.

Isso permite afirmar que, na verdade, o combate ao "estado de natureza hermenêutico" originário da discricionariedade/arbitrariedade positivista acaba não sendo um combate ao positivismo. Ao contrário, destituído de uma adequada compreensão hermenêutica, a partir dos seus dois teoremas fundamentais, qualquer forma de vinculação jurisprudencial, por mais paradoxal que possa parecer, somente reforçará o positivismo, com a consequente continuidade do caos decisionista. Ou seja, na medida em que súmulas são textos e como o positivismo interpreta textos sem coisas, qualquer tentativa de vinculação jurisprudencial/conceitual receberá uma adaptação darwiniana do senso comum teórico dos juristas.

Neste ponto, cabe outra advertência: a afirmação de que a súmula é (também) um texto deve ser compreendida a partir de um olhar hermenêutico. Destarte, quando afirmo que a súmula é um texto, quero dizer que esse texto, ao ser interpretado, deverá ensejar uma norma (sentido) que respeite, de forma radical, a coerência e integridade do direito. Caso contrário, ela será aplicada de forma objetificada, entificadamente, isto é, será uma categoria a partir da qual se fará deduções e subsunções.

Ora, na medida em que a súmula é feita para resolver casos futuros – e nisso reside um equívoco hermenêutico de fundamental importância, em uma simples comparação com os precedentes norte-americanos –, transformando *hard cases* em (futuros) *easy cases* (parece ser essa a sua razão maior), a tarefa do intérprete estará "facilitada": de um lado, decidir-se-ão casos dedutivamente; de outro, será possível decidir milhares de processos de uma só vez. *Em ambas as hipóteses, soçobra a situação concreta.*

Afinal, como se diz na teoria da argumentação jurídica (para ficar nessa importante postura que pretende dar respostas ao problema da indeterminabilidade do direito nesta quadra da história), para "casos fáceis" *basta a subsunção* (*sic*). E tudo começa(rá) de novo...! Por isso, a necessidade – e não a mera possibilidade – de alcançar respostas corretas em direito.

7.3. Doze pontos para demonstrar a inadequação de mixagens teórico-metodológicas

Uma reflexão crítica sobre a aplicação do direito não pode, pois, prescindir dos pressupostos hermenêuticos que apontam para a superação do esquema sujeito-objeto, dos "modelos" (solipsistas) de juiz "criados" para "enfrentar" as agruras da indeterminabilidade dos textos jurídicos na era dos princípios (Constitucionalismo Contemporâneo), assim como dos diversos dualismos próprios dos paradigmas metafísicos objetificantes (clássico e da filosofia da consciência).

É preciso insistir nisso: consciência e mundo, linguagem e objeto, sentido e percepção, teoria e prática, texto e norma, vigência e validade, regra e princípio, casos simples e casos difíceis, discursos de justificação e discursos de aplicação, são dualismos que se instalaram no nosso imaginário sustentados pelo esquema sujeito-objeto.

Não se quer dizer, entretanto, que as diversas teorias do direito não estejam preocupadas em buscar respostas ao problema da crise paradigmática que atravessa o direito. Mas, nessa busca de soluções para os problemas da metodologia do direito, o que não se pode fazer é "mixar" teorias, principalmente entre posturas procedimentais-argumentativas e perspectivas conteudísticas-ontológicas, para citar apenas estas. Permito-me, nesse sentido, lançar uma dúzia de pontos que deixam nítida essa impossibilidade de mixagens metodológicas:

Primeiro, não se pode confundir hermenêutica com teoria da argumentação jurídica, isto é, hermenêutica (filosófica) não é similar a nenhuma teoria da argumentação[146] (portanto, não é possível com ela fundir – *por mais sofisticadas e importantes que sejam* – as teses de Alexy,[147] Atienza,[148] e Günther,[149] para falar apenas destes;

Segundo, quando se diz que a Constituição e as leis são constituídas de plurivocidades sígnicas (textos "abertos", palavras vagas e ambíguas, etc.), tal afirmativa não pode dar azo a que se diga que sempre há várias interpretações e, portanto, que o direito permite múltiplas respostas, circunstância que, paradoxalmente, apenas

---

[146] Tenho sustentado que as teorias da argumentação não superaram o paradigma representacional (sujeito-objeto) e que a ponderação de que fala Alexy (em especial, ele) é um modo de repristinação da (velha) discricionariedade positivista, tese que, aliás, as teorias da argumentação afirmam combater. Os sintomas desses problemas podem ser percebidos, *v.g.*, a partir da – para mim, indevida – cisão entre casos fáceis e casos difíceis, quando Alexy (e seus seguidores, especialmente no Brasil) dizem que os *easy cases* são resolvidos por subsunção (ou dedução) e os *hard cases* através da ponderação, momento em que os princípios são chamados à colação.

[147] ALEXY, Robert. *Teoria da argumentação jurídica*. São Paulo: Landy, 2001.

[148] ATIENZA, Manoel. *As Razões do Direito*. 3. ed. São Paulo: Landy, 2003.

[149] GUNTHER, Klaus. *Teoria da Argumentação no Direito e na Moral*: justificação e aplicação. São Paulo: Landy, 2004.

denuncia – e aqui chamo à colação as críticas de Dworkin à Hart – as posturas positivistas que estão por trás de tais afirmativas;

Terceiro, quando, por exemplo, Gadamer confronta o método, com o seu *Verdade e Método*,[150] não significa que a hermenêutica seja relativista e permita interpretações discricionárias/arbitrárias;

Quarto, quando a hermenêutica decreta a morte do método, isto não quer dizer que "agora é possível dizer qualquer coisa sobre qualquer coisa";

Quinto, quando se fala na invasão da filosofia pela linguagem, mais do que a morte do esquema sujeito-objeto, isso quer dizer que não há mais um sujeito que "assujeita" o objeto (subjetivismos/axiologismos que ainda vicejam no campo jurídico) e tampouco objetivismos que "assujeitam" o sujeito;

Sexto, quando se popularizou a máxima de que "interpretar é aplicar" e que "interpretar é confrontar o texto com a realidade", não significa que texto e realidade sejam coisas que subsistam por si só ou que sejam "apreensíveis" isoladamente, sendo equivocado pensar, portanto, que interpretar é algo similar a "fazer acoplamentos entre um texto jurídico e os fatos";

Sétimo, de igual maneira, quando se popularizou a assertiva de que texto não é igual à norma e que a norma é o produto da interpretação do texto (Friedrich Müller), nem de longe quer dizer que o texto não vale nada ou que norma e texto sejam "coisas à disposição do intérprete", ou, ainda, que o intérprete possui arbitrariedade para a "fixação da norma" (sentido do texto);

Oitavo, a errônea compreensão acerca do sentido da expressão "a norma é sempre o sentido que se atribui ao texto" fez com que surgissem as diversas correntes voluntaristas-axiologistas, prejudicando, destarte, o entendimento acerca do (pós)positivismo;

Nono, se texto e sentido do texto não são a mesma coisa, tal circunstância não implica a afirmação de que estejam separados (cindidos) ou que o texto contenha a própria norma, mas, sim, que apenas há uma diferença (ontológica) entre os mesmos; é preciso compreender que a norma é o texto em forma de enunciados, em que o conteúdo veritativo não é nada mais do que a dimensão predicativa, isto é, *aquilo que se diz sobre ele;*

Décimo, é um equívoco pregar que o texto jurídico é apenas "a ponta do iceberg", e que a tarefa do intérprete é a de revelar o que

[150] GADAMER, Hans-Georg. *Wahrheit und Methode*... op. cit.

está "submerso", porque pensar assim é dar azo à discricionariedade e ao decisionismo, características do positivismo.

Décimo primeiro, é equivocado dizer que "aplicar a letra da lei é uma atitude positivista", isto porque, em tempos de uma efetiva superação dos diversos positivismos, é um avanço nos depararmos com sinonímias entre texto e norma; em outras palavras, trata-se de ter presente, paradigmaticamente, a relevante circunstância de que a discussão da literalidade como "um mal em si" é própria do modelo de positivismo clássico-exegético-legalista; hoje tratamos daquilo que Elías Díaz chama de "legalidade constitucional";

Décimo segundo, é equivocado mixar perspectivas teóricas incompatíveis entre si, como a concepção de princípios de Dworkin e Alexy; do mesmo modo, não se pode pretender preencher os "gaps" decorrentes da ausência de uma teoria de decisão em Habermas com a ponderação originária da teoria da argumentação alexiana; fundamentalmente, devemos ter em conta o paradigma filosófico no qual se move o autor e a matriz teórica que sustenta suas teses (por exemplo, quem defende teses como "livre convencimento", "livre apreciação da prova", "instrumentalismo do processo" e o poder discricionário dos juízes se move, indubitavelmente, nas águas do esquema sujeito-objeto – ou de suas vulgatas). Por isso, afirmo convictamente que, apesar dos avanços proporcionados pelo CPC/2015, em uma luta que travei para incluir a coerência e a integridade como parâmetros decisórios, é paradoxal que o art. 489 mantenha, ao lado de uma série de requisitos criados para a sentença (§ 1º), a ponderação, pelos motivos que já expus nesta obra.

Em outras palavras, não é possível servir a vários senhores da ciência ao mesmo tempo. Trata-se de uma opção paradigmática, o que acarreta uma impossibilidade de misturar, por exemplo, posturas ainda assentadas no esquema sujeito-objeto (em menor ou maior grau) e posturas antiepistemológicas. Definitivamente, hermenêutica não é teoria da argumentação, do mesmo modo que verdade não é consenso. Não é possível lançar mão tão somente das "partes nobres" de cada teoria (ou paradigma), descartando as insuficiências.

Veja-se como essa questão é complexa. Venho afirmando que não se deve confundir hermenêutica com teoria(s) da argumentação. Isto porque a hermenêutica trabalha em um nível diferente daquele em que se localizam os discursos da(s) teoria(s) da argumentação. Tenho deixado isso muito claro de há muito. Mesmo assim, seguidamente me deparo com críticas à hermenêutica filosófica, mormente no sentido de que esta não teria se preocupado com respostas metodológicas, o que a colocaria no universo do irracionalismo. Se Daniel Sarmento já havia feito isso por mais de uma vez, Eduardo Moreira vai mais longe em suas críticas. Com efeito, preocupado com a relação "hermenêutica-argumentação", Moreira faz uma crítica a certos seguidores de Gadamer (*sic*) que, segundo ele,

> fazem uma leitura radical do combate a qualquer outra metodologia que não seja a hermenêutica, e até a argumentação jurídica ou as novas metodologias constitucionais estariam excluídas, pela carga de método que carregam consigo. Entendemos diversamente que o método que Gadamer rejeitava era o técnico-científico, que estreita a potencialidade de "certas ciências do espírito". O próprio Gadamer viu, todavia, aproveitamento no uso da argumentação (...).

Diz também ter percebido que:

> A desatenção dada pelos juristas à importância da argumentação no direito em grande parte se deveu à simplificação da hermenêutica filosófica, assim tomada pelos juristas. Afinal, na hermenêutica filosófica, já se encontravam as bases da interpretação histórica, sistemática e teleológica.

Para completar, Moreira acentua que a hermenêutica propiciou as dimensões necessárias para a percepção da pré-compreensão do intérprete (citando Heidegger, em *Ser e tempo*) e da tradição do sujeito, sendo que esta sim – a tradição do sujeito – é que levaria em conta os caracteres de formação pessoal do intérprete e evitaria preconceitos.[151]

Na verdade, a crítica de Moreira – embora colocada em um ambiente de sofisticação teórica que engrandece a discussão sobre essa intrincada problemática – é oblíqua. E por quê? Pela simples razão de que esse exclusivismo da hermenêutica nunca foi defendido por ninguém. Se o foi, é por quem procedeu a uma leitura rasa de Gadamer. O que acontece é outra coisa: por motivos de consistência das análises realizadas em sede de Teoria e Filosofia do Direito, é preciso colocar a questão sob o alicerce de um paradigma filosófico definido. É possível notar, contudo, que não é uma preocupação de Moreira firmar suas posições sobre um referencial teórico específico. Na verdade, parece ele professar uma certa crença nas boas (*sic*) mixagens teórico-filosóficas (talvez a argumentação de Alexy com a hermenêutica de Gadamer). Todavia, o sucesso de uma empreitada teórica é determinado pela possibilidade de se construir um "quadro referencial teórico", que dê firmeza investigativa e, o

---

151 MOREIRA, Eduardo. *Direito constitucional atual*. Rio de Janeiro: Campus Jurídico, 2012, p. 188 e ss.

mais importante, coerência ao discurso. Nesse contexto, há determinadas posições filosóficas que – se colocadas juntas – apresentam contradições insolúveis. São antitéticas entre si. Por exemplo: como conciliar Heidegger e Carnap? Simplesmente não é possível; ou se está com um, ou com o outro. Habermas e Alexy? Impossível igualmente. Desse modo, partindo do quadro referencial da hermenêutica filosófica, essa dimensão da analítica fica, a priori, excluída. Seria possível pensar em utilizar certas ferramentas da analítica num momento posterior. Poderíamos dizer, no âmbito da explicitação, do apofântico (como refiro em *Hermenêutica jurídica e(m) crise*, a argumentação é desse segundo nível de racionalidade).

Assim, o ponto fulcral é esse: a hermenêutica aponta para uma dimensão que outras propostas filosóficas não apontam ou desconsideram, simplesmente. Por isso há um privilégio daquela em relação a estas. Privilégio, não exclusividade. Do mesmo modo, nunca se pregou – eu, pelo menos, nunca o fiz – uma exclusão da argumentação ou até mesmo da retórica. Pelo contrário, tais elementos são importantes e reconhecidos, só que ajustados em outro nível. Dizem respeito ao momento explicitativo: o apofântico.

Por isso, interpretar é explicitar o compreendido. Nenhum hermeneuta que tenha lido Gadamer ignora estratégias argumentativas ou as dimensões retóricas do discurso. Mas isso se dá num momento em que a compreensão já aconteceu, antecipadamente. De novo, aqui, o importante é apontar para algo anterior, que condiciona a própria construção do argumento. Não se desconsidera a argumentação. Apenas se diz que olhar o fenômeno jurídico apenas pela via da argumentação significa esconder toda a camada anterior em que a compreensão verdadeiramente acontece. Agora, em se tratando da Teoria da Argumentação de Robert Alexy (e isso se considera na especificidade dessa teoria), existe, sim, uma incompatibilidade em face do paradigma filosófico sobre o qual este último assenta sua construção teorética. Nesse caso, penso, não há como "aproveitar" o uso da argumentação. E por uma razão singela: a fórmula alexiana de argumentação é antitética com relação à hermenêutica, porque aposta em outro paradigma filosófico para construir seus procedimentos.

Veja-se, nesse sentido, que não se trata apenas de um "problema de método". É mais basal do que isso. É um problema paradigmático. Por outro lado, a questão do método em Gadamer também não é colocada de forma adequada por Moreira. Essa é uma questão complexa demais para se afirmar assim, em poucas linhas. De todo modo, é possível dizer que, para Gadamer, realmente, o acontecimento da compreensão não pode ser apreendido metodologicamente. Vale dizer, não será um método a garantia de acerto da compreensão e objetividade da interpretação. Daí que, como afirma expressamente o próprio Gadamer no prefácio à 2ª edição de *Verdade e método*, não se pretende como uma proposta de uma nova metodologia para as ciências do espírito. Por isso, acreditar que a tarefa de *Wahrheit und Methode* seria apenas a de criticar o método técnico-científico para aumentar a potencialidade das ciências do espírito é, novamente, incorrer em erro. A intenção de Gadamer é apanhar a compreensão em sua dimensão originária: independentemente de nosso querer e de nosso fazer, o que acontece conosco enquanto compreendemos? Essa é a questão guia de *Wahrheit und Methode*.

Por fim, também são equivocadas as afirmações sobre a pré-compreensão do intérprete. No posfácio da 4ª edição de meu *Verdade e consenso*, existe uma alentada discussão sobre isso. Em algumas leituras que se fazem da hermenêutica filosófica, há visivelmente uma confusão entre pré-compreensão (que é a *Vorverständnis*) e preconceitos, subjetivando-a. Ou seja, é equivocado confundir pré-compreensão com subjetividades, ideologia, visão de mundo. Quem faz isso mira na pré-compreensão e acerta nos preconceitos. Se a pré-compreensão (*Vorverständnis*) fosse "do intérprete" (enfim, fosse ela "pessoal", do sujeito do esquema S-O), a hermenêutica de Heidegger e Gadamer (e veja-se que a Crítica Hermenêutica do Direito vai além de Gadamer) não seria nenhuma novidade. Seria, pois, uma repetição das teses da filosofia da consciência (ou de alguma de suas vulgatas voluntaristas). Observe-se que Moreira recai exatamente nesse equívoco, ao dizer que a percepção da pré-compreensão do intérprete estaria ligada aos caracteres de formação pessoal do intérprete, como se pré-compreensão fosse igual à ideologia ou qualquer coisa ligada à velha subjetividade moderna. Isso esvaziaria não só a filosofia hermenêutica como a hermenêutica filosófica, porque as colocariam no mesmo patamar de qualquer teoria ou tese voluntarista, em que o sujeito, antes "assujeitado" na metafísica clássica, passa(ria) a "assujeitar" a coisa, em uma simples passagem da *adeaquatio intellectum et rei* para a *adeaquatio rei et intellectum*.

Aqui, a grande questão é que essa pré-compreensão (*Vorverständnis*) é um acontecimento incontrolável: não pode ser dominado pelo sujeito. E é, por pressuposto, intersubjetiva, já que suas condições se dão pela sua constituição linguística e dos componentes da tradição. Como última palavra, é importante consignar que a questão da "explicitação do compreendido" – ou daquilo que podemos enunciar como o "momento epistemológico da hermenêutica" – foi por mim enfrentada em estudo que compõe o livro *Epistemologia e hermenêutica: os 50 anos de Verdade e Método*.[152]

Dito de outro modo e para reforçar: a hermenêutica não afasta a epistemologia. Entretanto, o que não é possível fazer é confundir os níveis nos quais nos movemos. Ou seja – e deixo isso claro em meu *Verdade e Consenso*,[153] quando explicito o (já) compreendido, esse processo se dá no nível lógico-argumentativo, e não filosófico. E, insista-se: filosofia não é lógica. Esse "proceder epistemológico" é antecipado; *não se confunde com o próprio conhecimento*. Pela hermenêutica, fazemos uma fenomenologia do conhecimento. Não é uma coisa concreta. É, sim, a descrição da autocompreensão que opera na compreensão concreta. Na explicitação é que haverá o espaço de uma teoria do conhecimento.

Na era das Constituições compromissórias e sociais (e dirigentes), enfim, em pleno pós-positivismo, uma hermenêutica jurídica capaz de intermediar a tensão inexorável entre o texto e o sentido do texto não pode continuar a ser entendida como uma teoria ornamental do direito, que sirva tão somente para colocar "capas de sentido" aos textos jurídicos.

Há que se ter claro isso. Hermenêutica não é lógica e tampouco algo que possa ser usado para justificar algo que o intérprete "sacou" de seu solipsismo. No interior da virtuosidade do círculo hermenêutico, o compreender não ocorre por dedução. Consequentemente, o método (o procedimento argumentativo-discursivo) sempre chega tarde, porque pressupõe saberes teóricos separados da "realidade". Antes de argumentar, o intérprete já compreendeu. Trata-se daquilo que Herbert Schnädelbach denomina de "razão hermenêutica".

De todo modo, devemos reconhecer que, visando à realização das promessas incumpridas da modernidade, as diversas teorias críticas (teoria do discurso habermasiana, as diversas teorias da argumentação, a hermenêutica filosófica, a metódica estruturante, etc.), todas perfeitamente inseridas no paradigma do Estado Democrático de Direito, *têm, inequivocamente, um objetivo comum*: a superação do(s) positivismo(s) jurídico(s) e do dogmatismo que se enraizou na doutrina e na jurisprudência, responsáveis em grande medida

[152] STEIN, Ernildo; STRECK, Lenio (orgs.). Porto Alegre: Livraria do Advogado, 2011.

[153] STRECK, Lenio Luiz. *Verdade e Consenso*... op. cit.

pela inefetividade da Constituição (circunstância que assume foros de dramaticidade em países de modernidade tardia como o Brasil). Cada uma das correntes filosóficas ou teorias, ao seu modo, apontam as possíveis saídas para a superação da crise do direito brasileiro, cada vez mais aguda. Nessa intensa procura, há algo que é inacessível e isto parece incontornável. Ou algo que é incontornável e que, por isso, inacessível...

Nesse contexto do cotejo das diversas teorias, teses e posturas, é preciso trazer à lume uma questão de extrema relevância, que vem confundindo a comunidade jurídica, fruto de diferentes equívocos acerca da relação "positivismo-pós-positivismo", além da necessária questão relacionada ao papel desempenhado pelo juiz diante da relação entre os Poderes do Estado.

A dogmática jurídica – compreendida *lato sensu* (dos críticos aos tradicionais-conservadores) – não conseguiu ainda construir os alicerces para a compreensão do que seja um paradigma e o papel do positivismo jurídico (e o que seja, efetivamente, uma "postura positivista"). Não é difícil constatar a confusão entre os vários tipos de positivismos. A maioria dos juristas ainda combate o positivismo primitivo (exegético).

Com efeito, em julgamentos nos tribunais e em conferências empolgadas, lemos e ouvimos que os juízes não devem "cumprir a letra 'fria' (*sic*) da lei" e que há(veria) dois tipos de juízes: o positivista, que se apega à lei e o crítico-pós-positivista, que se utiliza dos princípios (*sic*). Segundo se diz por aí, o primeiro tipo de juiz deve "desaparecer"; o segundo, o dos princípios, é o modelo ideal. Só que, nesse último caso, ao incentivarem a "busca dos valores", seus autores mal sabem que, o que estão fazendo, é uma vulgata do velho positivismo fático...! E, com isso, fragilizando a autonomia do direito. Mas, mais do que isso, fragilizam a divisão entre as funções e poderes do Estado nesta fase da história.

Ora, desde quando obedecer uma lei democrática nos seus mínimos detalhes é "ser um positivista"? Na verdade, confundem-se conceitos. Vejamos: positivismo exegético (que era a forma do positivismo primitivo) é uma coisa distinta, porque separava direito e moral, além de confundir texto e norma, lei e direito, ou seja, tratava-se da velha crença – ainda presente no imaginário dos juristas – em torno da *proibição de interpretar*, corolário da vetusta separação entre fato e direito, algo que nos remete ao período pós-revolução francesa e todas as consequências políticas que dali se seguiram. Depois veio o positivismo normativista, seguido das mais variadas formas e fórmulas que – identificando (arbitrariamente) a impossibilidade de um "fechamento semântico" do direito – relegou o problema da interpretação jurídica a uma "questão menor" (lembremos, aqui, de Kelsen): *o problema do direito não está no modo como os juízes decidem, mas, simplesmente, nas condições lógico-deônticas de validade das "normas jurídicas"*.

Mas uma coisa todos esses positivismos têm até hoje em comum: a discricionariedade (que leva à arbitrariedade, aos decisionismos, ativismos, etc.). E isso se deve a um motivo muito simples: a tradição continental, pelo menos até o segundo pós-guerra, não havia conhecido uma Constituição normativa, invasora da legalidade e fundadora do espaço público democrático. *Isso tem consequências drásticas para a concepção do direito como um todo!* Quero dizer: saltamos de um legalismo rasteiro que reduzia o elemento central do direito, ora a um conceito estrito de lei (como no caso dos códigos oitocentistas, base para o positivismo primitivo), ora a um conceito abstrato-universalizante de norma (que se encontra plasmado na ideia de direito presente no positivismo normativista), *para uma concepção da legalidade que só se constitui sob o manto da constitucionalidade.* Afinal – e me lembro aqui de repetir Elías Diaz –, não seríamos capazes, nesta quadra da história, de admitir uma legalidade inconstitucional.

Eis o "ovo da serpente". Obedecer "à risca o texto da lei democraticamente construída" (já superada – a toda evidência – a questão da distinção entre direito e moral) não tem nada a ver com a "exegese" à moda antiga (positivismo primitivo). No primeiro caso, a moral ficava de fora; agora, no Estado Democrático de Direito, ela é co-originária. Falamos hoje, pois, de uma "outra" ou de uma nova legalidade. Como exemplo, cito a "literalidade" do art. 212 do CPP (na nova redação trazida pela Lei.n. 11.690/08, que inverte a ordem das perguntas às testemunhas). Ora, aplicar o dispositivo em tela é não só obedecer (também) "literalmente" a Constituição, como institucionalizando o sistema acusatório, tão reclamado pelos processualistas penais. A legalidade reclamada, neste caso, é *uma legalidade constituída a partir dos princípios que são o marco da história institucional do direito*; uma legalidade, enfim, que se forma no horizonte daquilo que foi, prospectivamente, estabelecido pelo texto constitucional.

Por tudo isso, "cumprir a letra da lei" significa sim, nos marcos de um regime democrático como o nosso, um avanço considerável. A isso, deve-se agregar a seguinte consequência: tanto aquele que diz que texto e norma (ou vigência e validade) são a mesma coisa como aquele que diz que estão "descolados" (no caso, as posturas axiologistas, realistas, etc.), são positivistas. Para ser mais simples: Kelsen, Hart e Ross foram todos positivistas. Como positivistas são hoje os juristas que apostam na discricionariedade judicial...! Ou em ativismos judiciais irresponsáveis (o que dá no mesmo). Seja isso para o bem ou para o mal.

Referências bibliográficas

ALEXY, Robert. *La institucionalización de la justicia*. Granada: Editorial Comares, 2005.

——. *Teoria da argumentação jurídica*. São Paulo: Landy, 2001.

——. *Teoría de la argumentación jurídica*. Madrid: CEC, 1989.

——. *Teoria dos Direitos Fundamentais*. Tradução de Virgílio Afonso da Silva. São Paulo: Malheiros, 2008.

——. Justification and Application of Norms. *Ratio Juris*, vol. 6, n. 2, jul/1993.

——. The dual nature of Law. *IVR 24th. World Congress*. Global Harmony and Rule of Law. Papers Plenary Sessions. September 15-20, Beijing, 2009, p. 257-274.

——. The nature of arguments about the nature of law. In: MEYER, Lukas H.; PAULSON, Stanley L.; POGGE, Thomas W. *Rights Culture and the Law*. Oxford: Oxford University Press, 2003, p. 3-16.

ARANGO, Rodolfo. *Hay respuestas correctas en el derecho*? Bogotá: Siglo del Hombre, 1999.

ARNAUD, André-Jean. *Le courrier du CNRS. Les sciences du droit*, abril de 1990.

ASSIS, Ana Elisa S. Queiroz; SERAFIM, Antonio de Pádua; ASSIS, Olney Queiroz; KÜMPEL, Vitor F. Noções Gerais de Direito e Formação Humanística. São Paulo: Saraiva, 2012.

ATIENZA, Manoel. *As Razões do Direito*: Teorias da argumentação jurídica. 3. ed. São Paulo: Landy, 2003.

——. Argumentación jurídica. In: Garzón Valdés, E. (org.). *El derecho y la justicia*. Madrid: Trotta, 2000.

ÁVILA, Humberto. *Teoria dos princípios*. 9. ed. São Paulo: Malheiros, 2009.

BARROSO, Luis Roberto; BARCELLOS, Ana Paula Barcellos. O começo da história. A nova interpretação constitucional e o papel dos princípios no direito brasileiro. In: BARROSO, Luís Roberto. *A nova interpretação constitucional*: ponderação, direitos fundamentais e relações privadas. Rio de Janeiro: Renovar, 2003.

BLOOM, Harold. *Um Mapa da Desleitura*. 2. ed. Rio de Janeiro: Imago, 2003.

——. A angústia da influência. 2. ed. Rio de Janeiro: Imago, 2002.

BOBBIO, Norberto. *O positivismo Jurídico*. São Paulo: Ícone, 1995.

——. *El problema del positivismo jurídico*. México: Distribuiciones Fontamara, 1995.

BONAVIDES, Paulo. *Curso de direito constitucional*. São Paulo: Malheiros, 1996.

BRUNO, Aníbal. *Direito penal*. Tomo I. 3. ed. Rio de Janeiro: Forense, 1967.

BULOS, Uadi Lammêgo. *Curso de Direito Constitucional*. 5. ed. São Paulo: Saraiva. 2010.

BÜLOW, Oskar von. *Gesetz und Richteramt*. Berlim: BWV, 2003.

CARVALHO, Paulo de Barros. *Curso de Direito Tributário*. São Paulo: Saraiva, 1985.

CASTANHEIRA NEVES, Antonio. *A crise actual da filosofia do direito no contexto da crise global da filosofia*. Tópicos para a possibilidade de uma reflexiva reabilitação. Coimbra: Coimbra editora, 2003.

——. Escritos acerca do direito, do pensamento jurídico, da sua metodologia e outros. *Digesta*, Coimbra: Coimbra Editora, v. III, 2008.

COLEMAN, Jules. *The Practice of Principle*: In defense of a pragmatist approach to the Legal Theory. Oxford: Oxford University Press, 2010.

COMANDUCCI, Paolo. Formas de (neo)constitucionalismo. Un análises metateórico. In: CARBONELL, Miguel (org.). *Neoconstitucionalismo(s)*. Madrid: Trotta, 2003.

DELGADO, Maurício Godinho. *Curso de Direito Trabalho*. 9. ed. São Paulo: LTr, 2010.

DIMOULIS, Dimitri. Neoconstitucionalismo e moralismo jurídico. In: SARMENTO, Daniel (org.). *Filosofia e Teoria Constitucional Contemporânea*. Rio de Janeiro: Lumen Juris, 2009.

DINIZ, Maria Helena. *Compêndio de Introdução à Ciência do Direito*. 12. ed. São Paulo: Saraiva, 2000.

DWORKIN, Ronald. *Direito de Liberdade:* Leitura Moral da Constituição Americana. São Paulo: Martins Fontes, 2006.

——. *Domínio da vida*: aborto, eutanásia e liberdades individuais. São Paulo: Martins Fontes, 2003, p. 203 e ss.

——. *Law's Empire*. Londres: Fontana Press, 1986.

——. *Levando os direitos a sério*. São Paulo: Martins Fontes, 2002.

——. *O Império do Direito*. São Paulo: Martins Fontes, 2007.

——. *Taking Rights Seriously*. Cambridge: Harvard University Press, 1977.

——. *Uma questão de princípio*. Trad. de Luís Carlos Borges. 2. ed. São Paulo: Martins Fontes, 2001. p.236.

FAORO, Raymundo. *Os donos do poder: formação do patronato político brasileiro*. 3. ed. São Paulo: Globo, 2001.

FERNÁNDEZ, Tomás-Ramón. *Del arbitrio y de la arbitrariedad judicial*. Madrid: Iustel, 2005

FERRAJOLI, Luigi. Iuspositivismo crítico y democracia constitucional. *Isonomia*, n. 16, 2002.

——; STRECK, Lenio Luiz; TRINDADE, André Karam. *Garantismo, (Neo)Constitucionalismo e Hermenêutica*: diálogos com Luigi Ferrajoli. Porto Alegre: Livraria do Advogado, 2012.

FERRAZ JR., Tércio Sampaio. *A ciência do Direito*. São Paulo: Atlas, 1980.

——. *Introdução ao estudo do Direito*. São Paulo: Atlas, 1989.

FIORAVANTI, Maurizio. *Los derechos fundamentales: apuntes de historia de las constituciones*. Madrid: Trotta, 2003.

——. Estado y Constitución. In: *El Estado Moderno en Europa: Instituciones y derecho*. Maurizio Fioravanti Ed. Madrid: Trotta, 2004.

GADAMER, Hans-Georg. *Verdade e Método I*. Petrópolis: Vozes, 1998.

——. *Wahrheit und Methode, Grundzüge einer philosophischen Hermeneutik. I*. Tübingen: Mohr, 1990.

GARCÍA FIGUEROA, Alonso. *La tesis Del caso especial y El positivismo jurídico*. Doxa n. 22 (1999), p. 207-220.

GOYARD-FABRE, Simone. *Os Princípios Filosóficos do Direito Político Moderno*. São Paulo: Martins Fontes, 2002.

GRECO, Rogério. *Curso de direito penal*: parte geral. vol. I. 12. ed. Rio de Janeiro: Impetus, 2010.

GUNTHER, Klaus. *Teoria da argumentação no direito e na moral*: justificação e aplicação. São Paulo: Landy, 2004.

——. *The sense of appropriateness*. New York: State University of New York, 1993.

GUSMÃO, Paulo Dourado. *Introdução ao estudo do direito*. 28. ed. Rio de Janeiro: Forense, 2000.

HABERMAS, Jürgen. *Aclaraciones a la ética del discurso*. Madrid: Trotta, 2000.

——. *Facticidad y validez*. Madrid: Trotta, 1998.

——. *Faktizität und Geltung*. Beiträge zur Diskurstheorie des Rechts und des demokratischen Rechsstaats. Frankfurt am Main, Suhrkamp, 1992.

——. *Verdade e justificação*: ensaios filosóficos. São Paulo: Loyola, 2004.

HEIDEGGER, Martin. *Introdução à Filosofia*. São Paulo: Martins Fontes, 2010.

——. *Nietzsche II*. Rio de Janeiro: Forense, 2007, p. 142.

HIRSCHL, Ran. O novo constitucionalismo e a judicialização da política pura no mundo. *Revista de Direito Administrativo*, n. 251, p. 139-175, maio/agosto de 2009.

KELSEN, Hans. *Teoria Pura do Direito*. 3. ed. São Paulo: Martins Fontes, 1991, p. 74.

LOSANO, Mario G. *Sistema e Estrutura no Direito*. Vol. II. São Paulo: Martins Fontes, 2010.

MacCORMICY, Neil. *Legal Reasoning and Legal Theory*. Oxford: Oxford University Press, 1978.

MONTORO, André Franco. *Introdução à Ciência do Direito*. 25. ed. São Paulo: Revista dos Tribunais, 2000.

MOREIRA, Eduardo. *Direito constitucional atual*. Rio de Janeiro: Campus Jurídico, 2012.

MOTTA, Francisco José Borges. *Levando o direito a sério:* uma crítica hermenêutica ao protagonismo judicial. 2. ed. Porto Alegre: Livraria do Advogado, 2012.

MÜLLER, Friedrich. *O Novo Paradigma do Direito*: Introdução à Teoria Metódica Estruturantes. 3. ed.São Paulo: Revista dos Tribunais, 2012.

NADER, Paulo. *Introdução ao Estudo de Direito*. 12. ed. Rio de Janeiro: Forense, 1995.

NIETZSCHE, Friedrich. *Assim Falava Zaratustra*. Petrópolis: Vozes, 2008.

NINO, Carlos Santiago. *Introdución al análisis del derecho*. 2. ed. ampl. rev. Buenos Aires: Editorial Astrea, 1995.

OLIVEIRA, Rafael Tomaz de. *Decisão judicial e o conceito de princípio*: a hermenêutica e a (in)determinação do direito. Porto Alegre: Livraria do Advogado, 2008.

OST, François. Júpiter, Hércules, Hermes: tres modelos de juez. In: *Doxa, Cuadernos de Filosofia del Derecho*, n. 14, Alicante, p. 170-194, 1993.

OTO, Écio; POZZOLO, Susanna. *Neoconstitucionalismo e Positivismo Jurídico*. 3. ed. Florianópolis: Conceito, 2012.

PRIETO, Sanchís. *Ley, Princípios, Derechos*. Madri: Dykinson, 1998.

PUERTO, Manuel Jesús Rodriguez Puerto. *Interpretación, derecho, ideologia – la aportación de la Hermenéutica jurídica*. Granada: Editorial Comares, 2011.

RAZ, Joseph. *Between Authority and Interpretation*. New York: Oxford University Press, 2009

——. Legal Principles and the Limits of Law. In: *The Yale Law Journal*, vol. 81, n. 5 Abril de 1972, p. 823-825.

RICHARDS, D. A. Richards. *Robert Alexy, A theory of legal argumentation*: the theory of rational discourse as theory os legal justification. Oxford: Clarendon, 1989.

SARMENTO, Daniel. O neoconstitucionalismo no Brasil. In: LEITE, George Salomão; SARLET, Ingo. Wolfgang (coords.). *Direitos Fundamentais e Estado Constitucional*: estudos em homenagem a J. J. Gomes Canotilho. São Paulo: Revista dos Tribunais, 2008, p. 9-49.

——. Interpretação constitucional, pré-compreensão e capacidades institucionais do intérprete. In: SOUZA NETO, Claudio P.; SARMENTO, Daniel; BINEMBOJN, Gustavo (orgs.). *Vinte anos da Constituição Federal de 1988*. Rio de Janeiro: Lumen Juris, 2009.

——; SOUZA NETO, Cláudio Pereira de. *Direito constitucional*: teoria, história e métodos de trabalho. Belo Horizonte: Fórum, 2012.

SEOANE, José Antonio. Um código ideal y procedimental de la razón práctica. La teoria de la argumentación jurídica de Robert Alexy. In: *De la argumentación jurídica a la hermenêutica*. Granada: Comares, 2005, p. 165 e segs.

SICHES, Luis Recaséns. *Introducion al estudio del Derecho*. 4. ed. Editoral Porruá: México, 1977.

STEIN, Ernildo. *A questão do método na filosofia. Um estudo do modelo heideggeriano*. Porto Alegre: Movimento, 1983.

——. *Diferença e metafísica*: ensaios sobre desconstrução. Porto Alegre: EDIPURS, 2000

——. *Exercícios de Fenomenologia: Limites de um Paradigma*. Ijuí: Unijuí, 2004.

——. *Nas proximidades da antropologia*. Ijuí: Unijuí, 2003.

——. *Às Voltas com a Metafísica e a Fenomenologia*. Ijuí: Editora Unijuí, 2014.

——. *Pensar e Errar:* um ajuste com Heidegger. Ijuí: Unijuí, 2011.

——. *Pensar é pensar a diferença*. Ijuí: Editora Unijuí, 2002.

——. *Aproximações sobre hermenêutica*. 2. ed. Porto Alegre: Edipucrs, 2004.

——; STRECK, Lenio (orgs.). *Epistemologia e hermenêutica*: os 50 anos de Verdade e Método. Porto Alegre: Livraria do Advogado, 2011.

STRECK, Lenio Luiz. *Hermenêutica jurídica e(m) crise*: uma exploração hermêutica da construção do Direito. 11. ed. Porto Alegre: Livraria do Advogado, 2014.

——. *Compreender Direito*: desvelando as obviedades do discurso jurídico. São Paulo: Revista dos Tribunais, 2013.

——. *Verdade e Consenso*: constituição, hermenêutica e teorias discursivas. 5. ed. São Paulo: Saraiva, 2014.

TATE, Chester Neal; VALLINDER, Torbjörn. The global expansion of Judicial Power: the judicialization of politics. In: —— (orgs.). *The global expansion of Judicial Power*. New York: New York University Press, 1995.

TOMPSON, J.; HELD, D. (Eds.). *Habermas. Critical Debates*. London: 1982.

TOURINHO FILHO, Fernando. *Processo Penal*. 20. ed. São Paulo: Saraiva. 1998.

VETO, Miklos. *O Nascimento da Vontade*. São Leopoldo: Unisinos, 2005.